El nombre de este libro proviene de la película de comedia de 1980 "Los Dioses Deben Estar Locos", en la que una botella de Coca-Cola vacía se deja caer desde un avión sobre una comunidad de bosquimanos africanos. La botella tiene un regalo de los dioses, pero después de que sobreviene la lucha entre los aldeanos por ella, el líder tribal decide devolvérsela a los dioses llevándola hasta el fin del mundo. A través de mi botella de Coca-Cola metafórica, puedo ver el amanecer del nuevo imperio. Este libro sirve como testimonio de la restauración del imperio actual (Capitalismo y Empresas) antes de que sea demasiado tarde.

ORACIÓN PARA RECUPERAR LA CASA ROOSEVELT

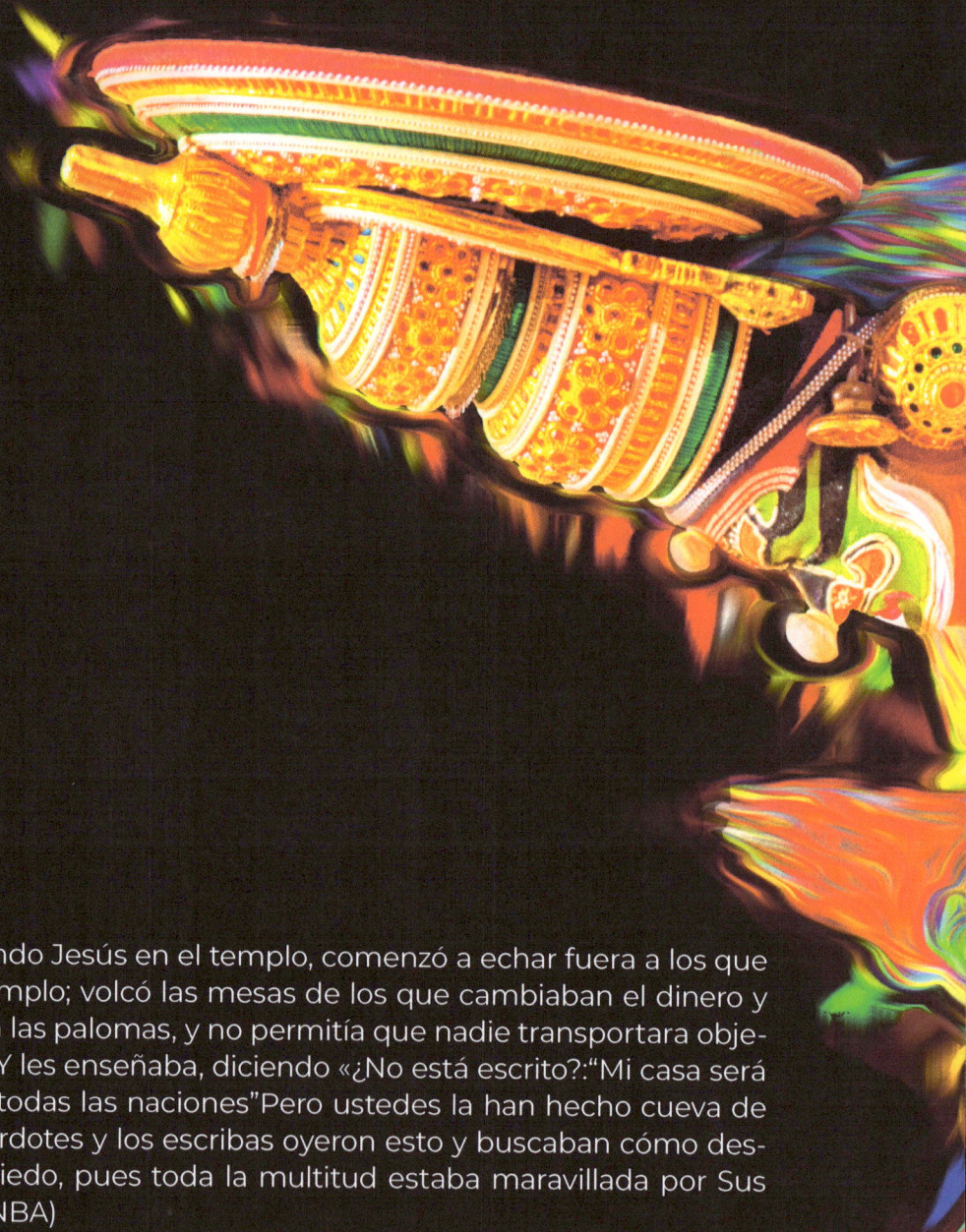

"Llegaron a Jerusalén; y entrando Jesús en el templo, comenzó a echar fuera a los que vendían y compraban en el templo; volcó las mesas de los que cambiaban el dinero y los asientos de los que vendían las palomas, y no permitía que nadie transportara objeto alguno a través del templo. Y les enseñaba, diciendo «¿No está escrito?:"Mi casa será llamada casa de oración para todas las naciones"Pero ustedes la han hecho cueva de ladrones». Los principales sacerdotes y los escribas oyeron esto y buscaban cómo destruir a Jesús, pero le tenían miedo, pues toda la multitud estaba maravillada por Sus enseñanzas". (Marcos 11: 15-18, NBA)

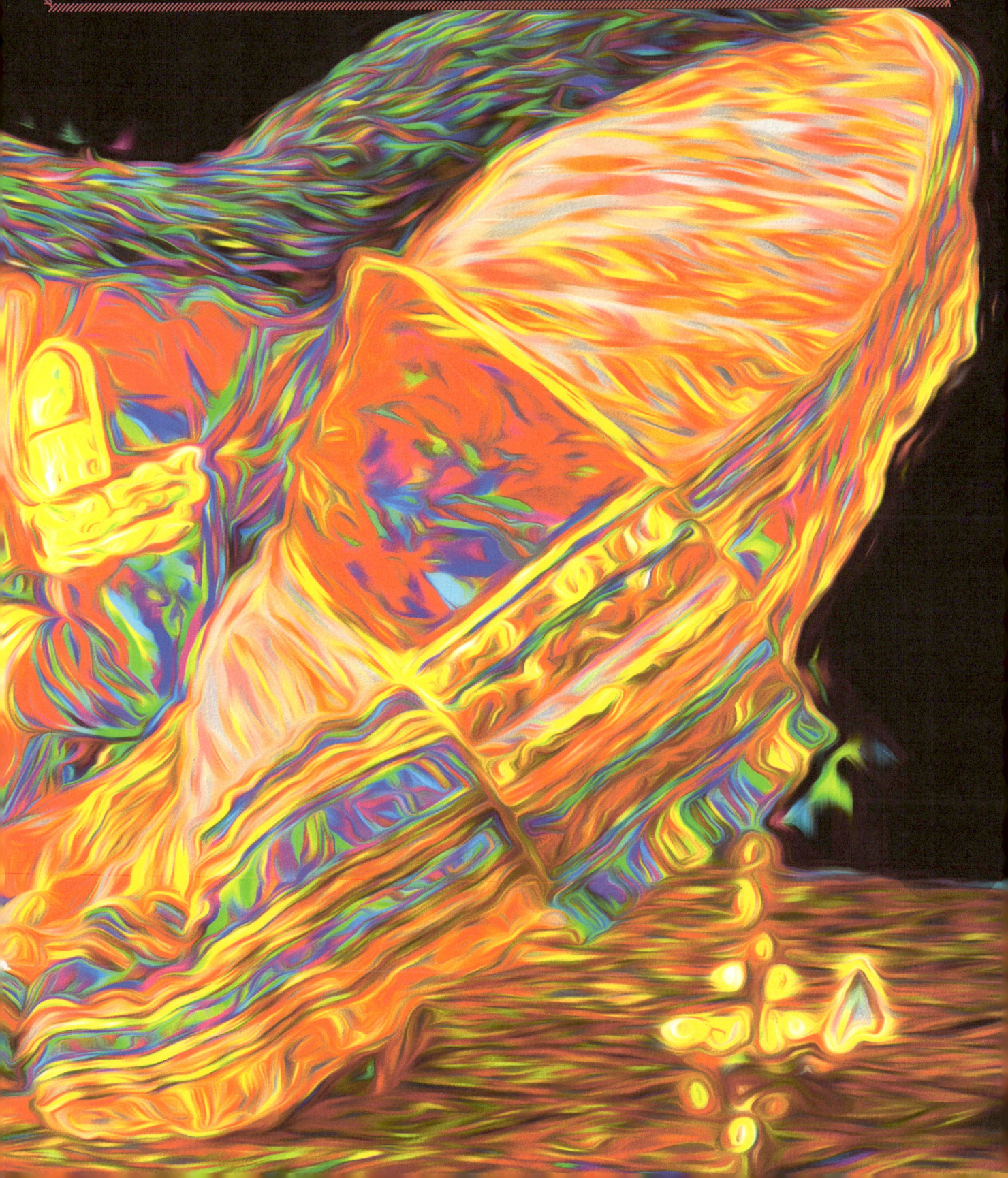

> "A menos que haya seguridad aquí en casa,
> no puede haber paz duradera en el mundo ".
>
> — Franklin Delano Roosevelt —

Mientras escribo esto, estalla la *anarquía*; una guerra civil está ocurriendo justo en frente de mi casa en el corazón de Chicago. Citando una llamada grabada del Ayuntamiento de Chicago, "es *virtualmente una zona de guerra'* donde *'miembros de pandillas armadas con AK-47 amenazaban con disparar a los negros'. Están disparando a la policía*".

Mientras tanto, en la oficina del alcalde, la discusión de la estrategia grabada del Concejo Municipal que tenía la intención de resolver el problema se convirtió en una pelea a gritos cargada de blasfemias que recuerda a la república bananera[1] de ChiRaq[2]. Me pregunto qué nos depara el futuro si este tapiado[3] puede suceder en mi hogar centenario. Incluso una de las torres de marfil más exquisitas e icónicas del mundo (el último cuartel general de la Enciclopedia Británica) protegida por una milicia privada parece insegura.

Me comprometí con *Un Mundo Compartido* a ser un defensor y salvaguarda, no solo de mi amado país, los Estados Unidos, sino de la humanidad en general. Creo que es mi responsabilidad moral educar a otros sobre una infraestructura predictiva, preventiva y receptiva que podría protegernos de las amenazas existenciales que compartimos.

TABLA DE CONTENIDOS

★★

El Amanecer del Reino Medio

Nuestro imperio está en peligro y la existencia de sus súbditos empresariales se ve amenazada junto con él. Si no jugamos bien nuestras cartas, el próximo imperio voraz (El Imperio Medio[4]) pronto enviará a sus recaderos a cobrar facturas a los EE. UU. y a más de un centenar de otros países que ha colonizado financieramente desde el tsunami económico de 2008.

Los Dioses Deben Estar Locos

En la sección inicial del libro, hablo de mi paseo en tigre a través de los campos distorsionados de la realidad; la cuna del comunismo en Oriente, hasta las tumbas del capitalismo en Occidente. Esto se retrata en el contexto del libro de Hernando de Soto, El Misterio del Capital: Por Qué El Capitalismo Triunfa en Occidente y Fracasa en Todas las otras Partes.

★★

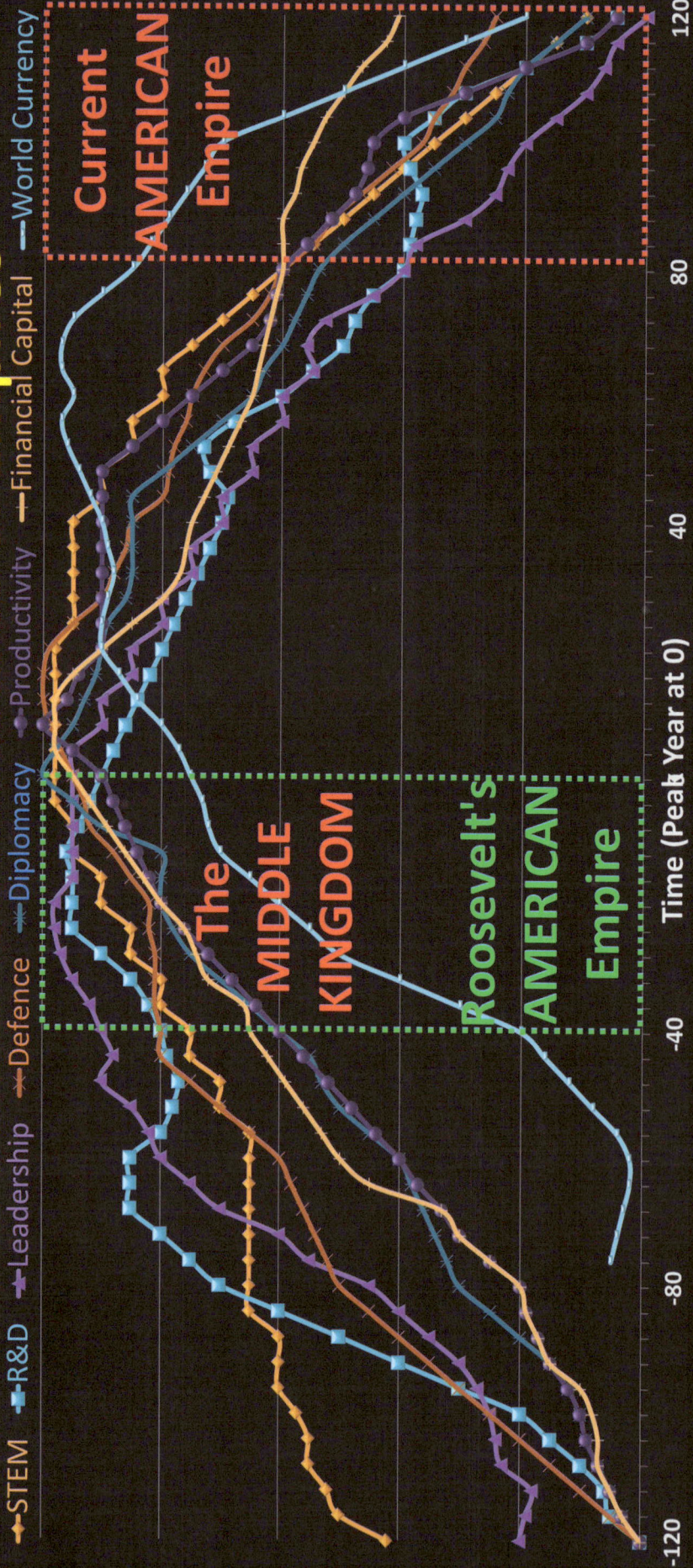

The Gods Must be Crazy!

The Rise & Fall Measures of Empires

Legend: STEM • R&D • Leadership • Defence • Diplomacy • Productivity • Financial Capital • World Currency

Current AMERICAN Empire

The MIDDLE KINGDOM

Roosevelt's AMERICAN Empire

Time (Peak Year at 0)

120   80   40   -40   -80   -120

Una Propuesta para Recuperar la Casa Roosevelt

En la segunda sección del libro, adapto *La Nueva Normalidad* desde la perspectiva del Imperio a la Empresa, para explicar como salvarnos del inminente Cuarto Reich[5]. La supervivencia de la empresa está entrelazada con el ascenso y la caída de sus padrinos patrocinadores, los imperios del mundo, como hemos presenciado en los últimos cinco siglos, con las empresas más prominentes, tales como las Compañías Holandesas[6] y Británicas[7] de las Indias Orientales.

Cavo los cimientos de la tumba del capitalismo y propongo mi receta para traer de vuelta el viejo *New Deal (Nuevo Trato) de* Roosevelt[8] para salvarnos del Cuarto Reich. Defiendo mi hipótesis de que muchas empresas son una pandilla de ranas de ingeniería financiera, adictas a las deudas, nadando en aceite de serpiente tibio[9].

★★

The Gods Must Be Crazy!

Gaggle of Financial-Engineering Frogs in Debt

Nonfinancial Corporate Business; Debt Securities; Liability, Level (**Trillion $**)
Source: Board of Governors of the Federal Reserve System(FRED, Q1 2021)

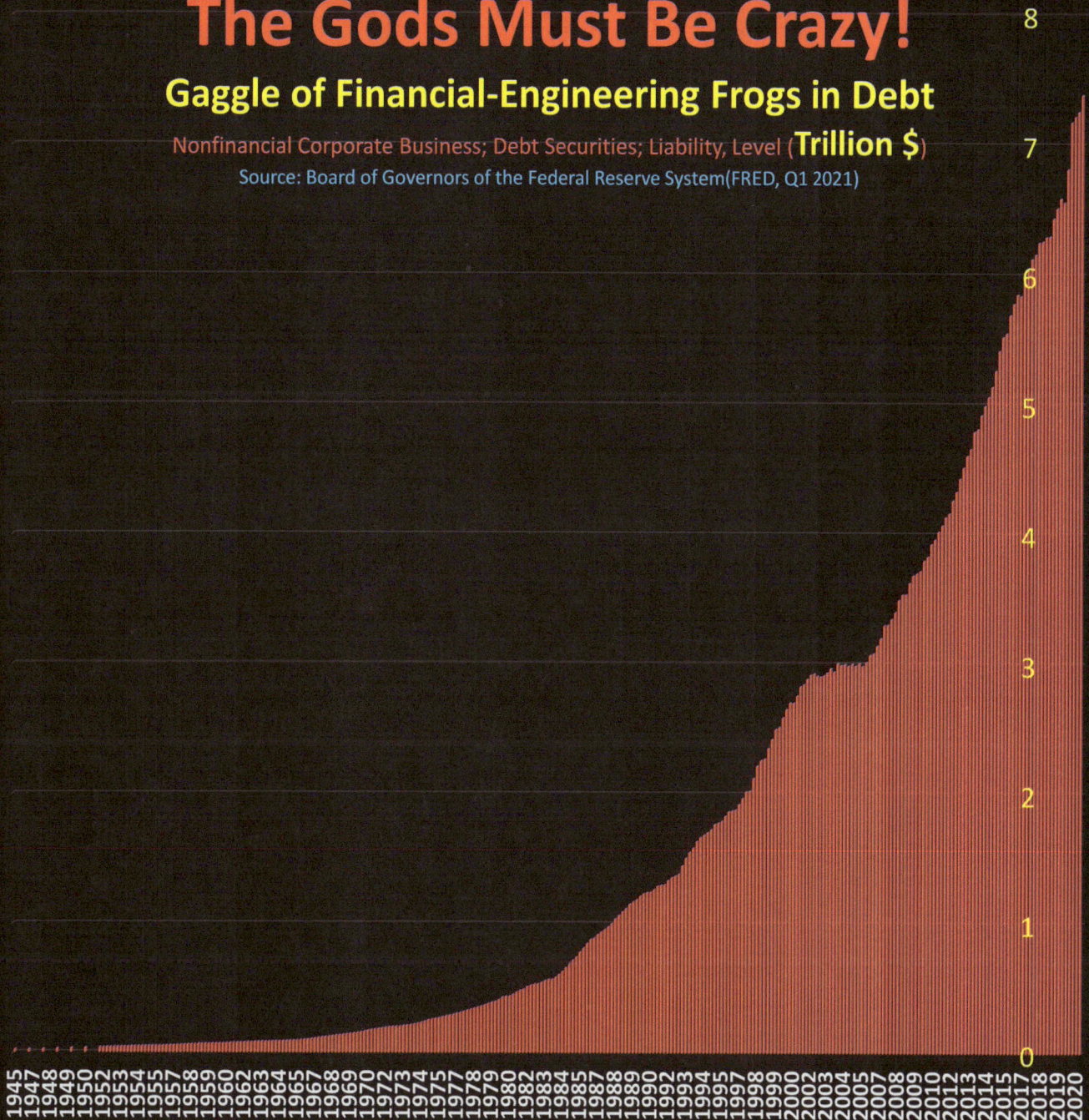

Cuando baje la marea, muchas de estas empresas encontrarán su sórdido destino a manos de buitres de la PI (Propiedad Intelectual) como China, tal como se muestra en el siguiente cuadro:

¡Ay Yi Yai Yi! Estamos en medio del Nuevo Orden Mundial

EL AMANECER DEL REINO MEDIO

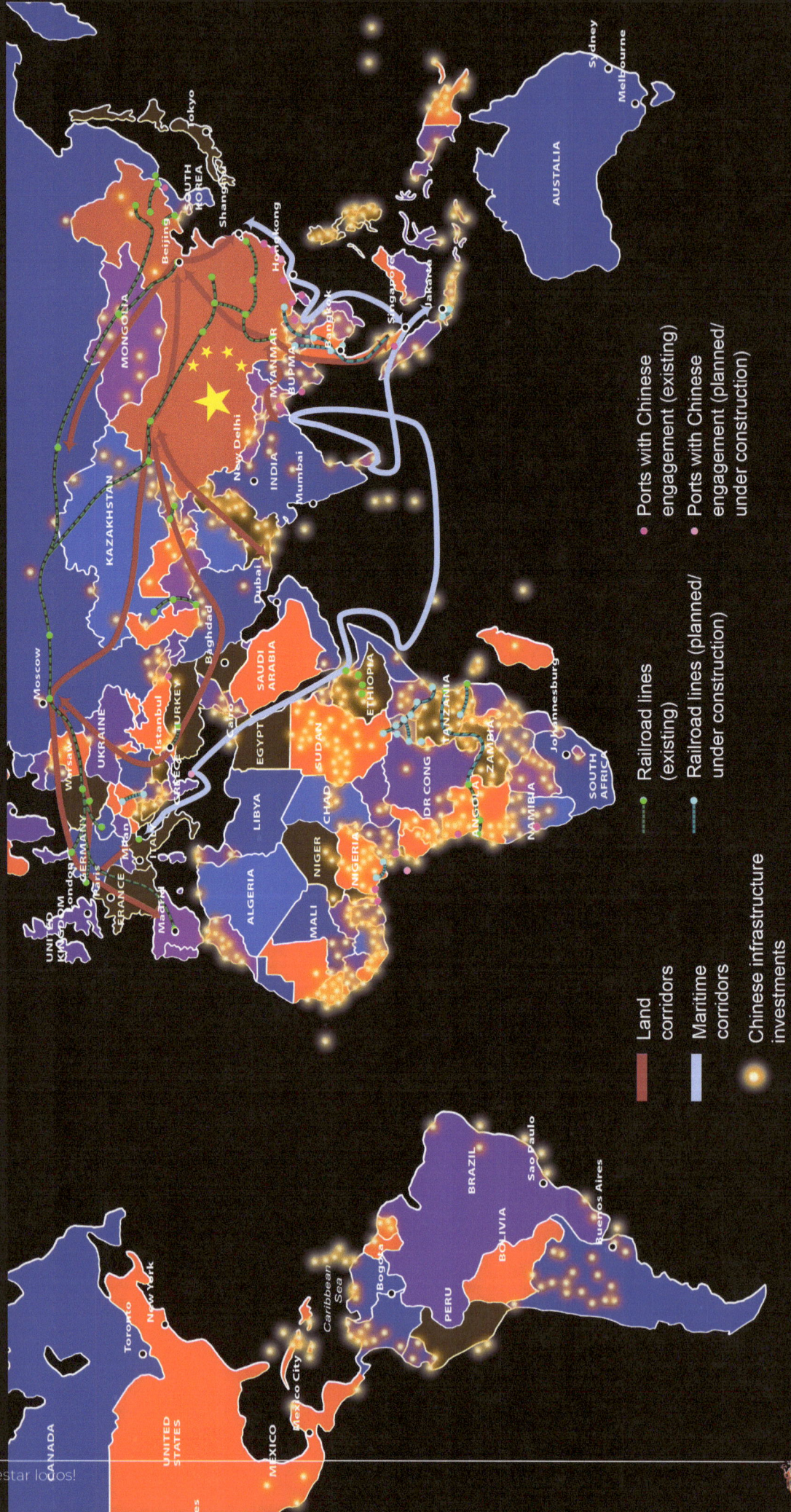

www.TigerRider.com

Legend:

- Ports with Chinese engagement (existing)
- Ports with Chinese engagement (planned/under construction)

- Railroad lines (existing)
- Railroad lines (planned/under construction)

- Land corridors
- Maritime corridors
- Chinese infrastructure investments

Map labels:

Tokyo, SOUTH KOREA, Beijing, Shanghai, Hong Kong, Singapore, Jakarta, MYANMAR, BURMA, Bangkok, MONGOLIA, KAZAKHSTAN, New Delhi, INDIA, Mumbai, Dubai, Baghdad, Moscow, Istanbul, TURKEY, UKRAINE, Warsaw, GREECE, ITALY, GERMANY, Paris, FRANCE, SPAIN, Madrid, London, UNITED KINGDOM, SAUDI ARABIA, EGYPT, LIBYA, ALGERIA, MALI, NIGER, CHAD, SUDAN, NIGERIA, ETHIOPIA, DR CONGO, TANZANIA, ANGOLA, ZAMBIA, NAMIBIA, SOUTH AFRICA, Johannesburg, AUSTALIA, Sydney, Melbourne

CANADA, UNITED STATES, New York, Toronto, MEXICO, Mexico City, Caribbean Sea, Bogota, PERU, BOLIVIA, BRAZIL, Sao Paulo, Buenos Aires

Gods Must Be Crazy!

Conservative Estimate of Chinese Debt + Equity

Source: CHINA'S OVERSEAS LENDING, Sebastian Horn, Carmen Reinhart and Christoph Trebesch (KIEL WORKING PAPER NO. 2132)

"El arte de la guerra es de vital importancia para el Estado.
Es una cuestión de vida o muerte, un camino hacia la seguridad o hacia la ruina.

Por lo tanto, es un tema de investigación que de ningún modo puede descuidarse".

Sun Tzu El Arte de la Guerra (476-221 a.C.)

Note: **China's activities are secretive and captured only about 50% of total Chinese overseas loans.**
Includes debt claims from direct lending, trade advances, FDI debt instruments and portfolio holdings of foreign bonds and equity claims from foreign direct investment and portfolio holdings of foreign equity instruments.

In percent
of recipient GDP

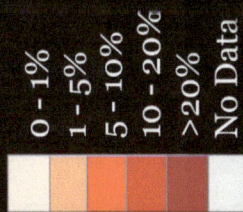

- 0 – 1%
- 1 – 5%
- 5 – 10%
- 10 – 20%
- >20%
- No Data

China, el Reino Medio, espera ansiosamente que juguemos mal nuestras gastadas cartas de triunfo para que puedan enviar a sus cazarrecompensas a recuperar la cuenta de los EE. UU.EE. UU. y de más de cien países[10]. Bajo la égida del gobierno, las empresas chinas están colonizando efectivamente el mundo, influyendo financieramente en estos países con al menos $10 billones en la trampa de la diplomacia de la deuda[11]. Las nuevas generaciones de la Iniciativa de la Franja y la Ruta de la Seda[12] y otros megaproyectos de infraestructura de alta tecnología son los principales ejemplos del Caballo de Troya chino del siglo XXI. Algunas de estas trampas de las diplomacias parasitarias e insostenibles de la deuda pueden ocultar motivaciones hegemónicas y desafíos a la soberanía estatal. Arrasan para apoyar los intereses geoestratégicos y las dimensiones militares de China.

"Comparado con el estatus preeminente de China en el comercio mundial, su papel en las finanzas globales es poco conocido."
Las exportaciones de capital de China han creado una nueva base de datos de 5000 préstamos y donaciones a más de 150 países, 1949-2017.
Descubrimos que el 50% de los préstamos de China a los países en desarrollo no se informan al FMI ni al Banco Mundial.
Estas "deudas ocultas" distorsionan la supervisión de las políticas, los precios de riesgo y los análisis de sustentabilidad de la deuda.
Dado que los préstamos de China en el exterior son casi en su totalidad oficiales (controlados por el estado), los impulsores estándar de "empujar" y "tirar" de los flujos transfronterizos privados no se aplican de la misma manera."

Instituto Kiel para la Economía Mundial (2020)

Según las estimaciones del informe KIEL, a partir de 2017, los reclamos financieros totales de China, más allá de sus fronteras son más del 8% del PIB mundial. Los chinos tienen bonos del tesoro por un valor de al menos el 7% del PIB de EE. UU.EE. UU., el 10% del PIB de Alemania y el 7% del PIB del Reino Unido. De hecho, China tiene una presencia sustancial en la zona euro en su conjunto, que asciende al 7% de su PIB (esto equivale a 850 mil millones de dólares estadounidenses en bonos).

China puede apalancar al menos 5 billones de dólares en reclamos de deuda al resto del mundo, y a partir de 2017, la proporción de países que reciben la "generosidad" financiera China casi ha alcanzado el 80%. Este dramático aumento no tiene precedentes en la historia en tiempos de paz, y es comparable a los préstamos estadounidenses tras la Primera y la Segunda Guerra Mundial.

Desafortunadamente, estas cifras conservadoras de 2017 ahora son obsoletas, especialmente considerando el estado económico del mundo, asolado por la pandemia del COVID-19. El impacto del COVID-19 en la aceleración de los préstamos e inversiones de China queda por verse.

Hace mucho tiempo existieron instituciones fundadas en Estados Unidos como el FMI y los Bancos Mundiales que solían ser los prestamistas más importantes del mundo. Su método de préstamos practicaba la divulgación total y tenía un cierto nivel de transparencia, ética y profesionalismo. Esto fue especialmente frecuente cuando negociaba con gobiernos corruptos y milicias de países con recursos malditos.

Los estados miembros de la Organización para la Cooperación y el Desarrollo Económico (OCDE), en el Club de París, y otras instituciones de renombre como el FMI y el Banco Mundial prestarían dinero de manera más considerada en condiciones favorables de devolución de los préstamos a largo plazo. Muchos de los préstamos del Club de París adoptaran la forma de asistencia oficial para el desarrollo, según la definición de la OCDE, y tienen un elemento de subvención de al menos el 25%. Estos préstamos a menudo implican vencimientos de hasta 30 años y casi ninguna prima de riesgo. Sin embargo, poseen condiciones clásicas de control de riesgo y transparencia de los ideales tradicionales capitalistas y del sistema financiero internacional clásico.

También se entiende ampliamente que China esté involucrada en acuerdos clandestinos con organismo de gobierno menos éticos y milicias de países que ya luchan con la falta de recursos financieros. Además, los bancos estatales de China normalmente distribuyen el dinero directamente a un contratista chino responsable del proyecto, en lugar de al gobierno receptor. Esto mantiene el círculo cerrado: utilizan empresas contratistas chinas, con mano de obra y materiales chinos, asegurando un beneficio más significativo para China y menos para el país anfitrión.

Estas tácticas encubiertas y de círculo cerrado son una forma de la trampa de la diplomacia de la deuda que puede apoderarse rápidamente de la propiedad de los activos. Es un caballo de Troya para China, que gana influencia y puede disfrutar de la colonización financiera, pero deja la responsabilidad a los contribuyentes del país anfitrión para que las generaciones venideras paguen las facturas. Los 50 países receptores más endeudados tienen ahora una deuda con China, que, en promedio, totaliza cerca del 40% de la deuda externa declarada.

Los préstamos oficiales chinos están controlados por el partido comunista chino, también conocido como el gobierno. Dos tercios de la actividad crediticia se canaliza a través de filiales extranjeras de bancos chinos en centros financieros extraterritoriales. Casi imposibles de rastrear, estos préstamos están, en su mayoría, respaldados por garantías y se pactan en el mayor secreto.

Gran parte de los préstamos se destinan a países financieramente pobres, pero ricos en recursos, dirigidos por líderes corruptos e ineptos. Como tal, los intereses y los reembolsos de capital a menudo se aseguran con los recursos de esos países. A diferencia de los préstamos intergubernamentales típicos, estos contratos son préstamos comerciales clandestinos con cláusulas de arbitraje. Como resultado, los montos de reembolso, el incumplimiento o la información de reestructuración están fuera del dominio público.

A modo de ejemplo, en la década de 1970, un auge de préstamos sindicados resultó en una ola de crisis financieras a principios de la década de 1980. En ese momento, los bancos occidentales canalizaron una gran cantidad de capital extranjero a países pobres pero ricos en recursos de África, Asia y América Latina. Se necesitaría más de una década para resolver las depresiones económicas asociadas con la serie de incumplimientos soberanos. Muchos de esos mismos países, con un liderazgo corrupto y sin mucha transparencia o supervisión, ahora están siendo atacados por los tiburones chinos.

Cerca de alcanzar la condición pre-HIPC (del inglés, países pobres altamente endeudados), algunos han incumplido incluso antes de la era del COVID-19.

Los países que se han visto más afectados por el COVID-19, a saber, América Latina y los territorios africanos más pobres, sin duda tendrán dificultades o perderán por completo la capacidad de pagar sus préstamos con China. La depresión económica da como resultado una descomposición acelerada de los productos básicos, también afectando la producción de recursos. Sin dinero ni recursos, el futuro financiero es sombrío para aquellos que China tiene un remanente económico.

Gods Must Be Crazy!

Conservative Estimate of Chinese Direct Loans (2017)

Source: CHINA'S OVERSEAS LENDING, Sebastian Horn, Carmen Reinhart and Christoph Trebesch (KIEL WORKING PAPER NO. 2132)

Note: China's activities are secretive and captured only about 50% of total Chinese overseas loans. The debt estimates are based on loan-level data. They exclude Chinese portfolio debt holdings and short-term trade debt. GDP data is from the IMF World Economic Outlook.

In percent
of recipient GDP

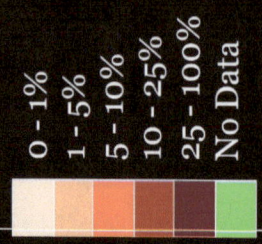

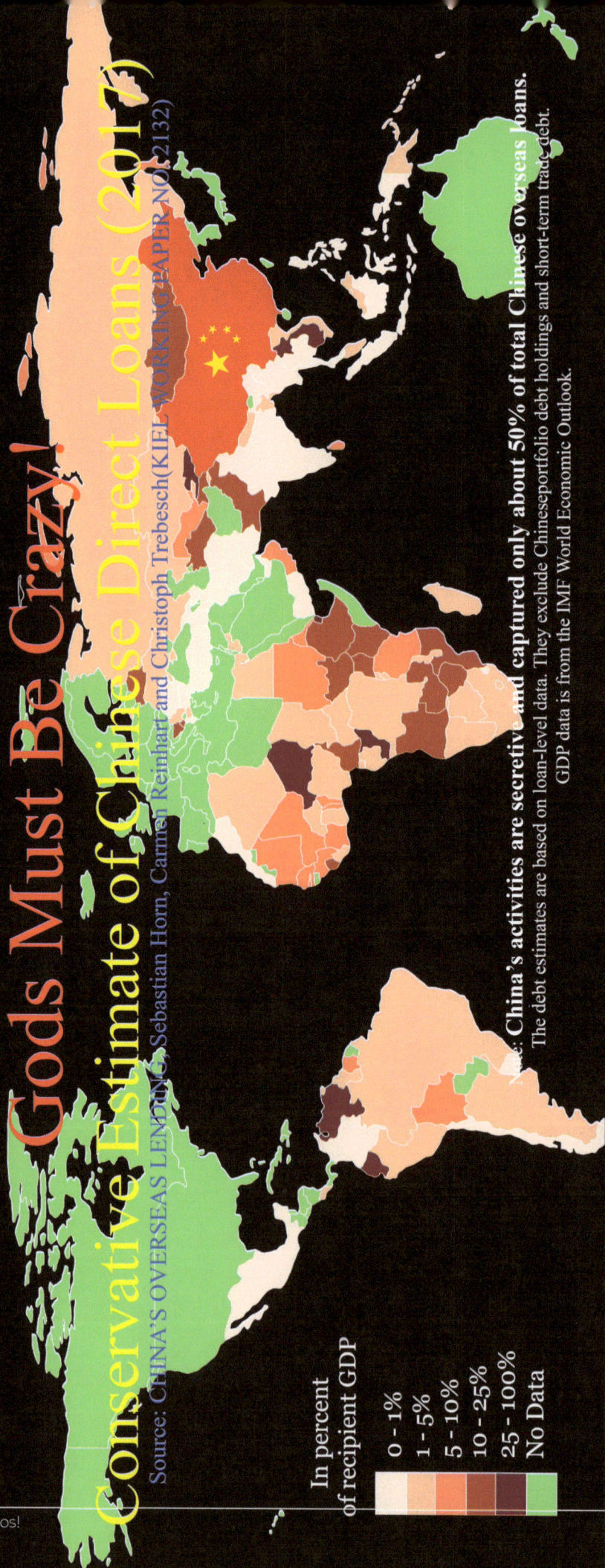

0 - 1%
1 - 5%
5 - 10%
10 - 25%
25 - 100%
No Data

Type of Debt	**Official (by the Chinese government or state entities)**		
Terms of Lending	**Commercial Terms**	Concessional	unknown
Creditor Agency	China Export Import Bank	China Development Bank	Other
Currency Denomination	**US Dollar**	RMB	other
Use of Collateral*	**Collateralized**	Not Collateralized	

0% 20% 40% 60% 80% 100%

★★

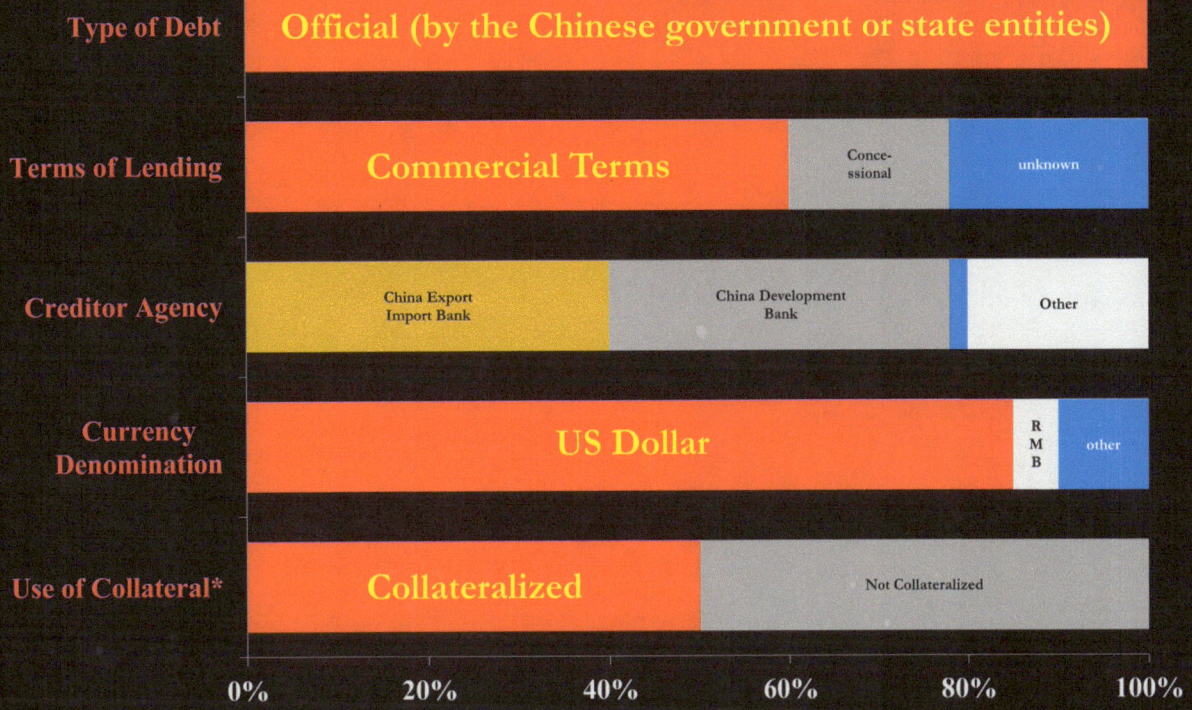

Será interesante ver cuál ha de ser la estrategia de neo colonización china posterior al COVID-19. ¿Cómo recuperará esos préstamos de casa de empeño no incluidos en la lista, firmados por líderes corruptos y pagados con recursos que ahora se depreciaron?

Después de la Segunda Guerra Mundial a mediados de la década de 1900, Estados Unidos **donó** más del equivalente a *100 mil millones de dólares* (el PIB estadounidense era de $258 mil millones) distribuidos de manera uniforme entre la asistencia económica y técnica para ayudar a la recuperación de los países europeos. Gracias al Plan Marshall[13], el mundo entero ha florecido y la paz y la armonía han reinado durante 75 años. Ya es hora de que lideremos la coalición para establecer *nuevos* Planes Marshall para rescatar a los países económicamente colonizados por China.

> *No importa si el gato es blanco o negro, siempre que atrape ratones."*
> Deng Xiaoping, líder supremo de China (1978 -1989)

Colonización Digital

Durante los últimos setenta y cinco años, nuestras empresas de tecnología en los EE. UU.EE. UU. han controlado una parte significativa de la infraestructura digital del mundo. Sin embargo, China está *extendiendo* su "Iniciativa de la Franja y la Ruta" (BRI) a la "Ruta de la Seda Digital" (RSD)[14]. China ha firmado acuerdos específicos de RSD con numerosos países, y sus proyectos de infraestructura son una subversión, lo que permite a Beijing aumentar su influencia en todo el mundo, sin mucha competencia. Es una puerta trasera digital para que las empresas de tecnología chinas torpedeen a las empresas occidentales. Los fabricantes chinos de equipos de telecomunicaciones, las empresas de infraestructura de almacenamiento y Centros de Datos están al mando. La RSD también les proporcionará corredores económicos y digitales para exportar la interpretación de sensores de ciudades inteligentes y plataformas de datos, que pueden constituirse en amenazas para la seguridad nacional.

Gods Must Be Crazy!

China's Equity Investments(2017)

Source: CHINA'S OVERSEAS LENDING, Sebastian Horn, Carmen Reinhart and Christoph Trebesch, KIEL WORKING PAPER NO. 2132)

Note: This figure shows the geographic allocation of Chinese equity investments, consisting of foreign direct investment and Chinese portfolio holdings of equity instruments issued by non-residents.

Sources: American Enterprise Institute and IMF's Coordinated Portfolio Investment Survey (CIPS).

In percent
of recipient GDP

0 – 1%
1 – 3%
3 – 5%
5 – 10%
>10%
No Data

La Ruta de la Seda Digital (RSD) China abarca cuatro aspectos:

1. Infraestructuras Digitales como centros de datos y cables de fibra óptica, que habilitan plataformas de tecnología futurista como IoT (Internet de las Cosas), 5G y 6G.

2. Instituciones internacionales que fijan estándares, reglas y regulaciones sobre tecnologías emergentes.

3. Centrarse en tecnologías relacionadas con el comercio electrónico, como los sistemas de pago electrónico, las criptomonedas y las zonas de libre comercio digitales.

4. La estrategia china para "Hacer que el Reino Medio vuelva a ser Grande" como parte de la iniciativa "Hecho en China 2025". Para lograr este objetivo, han invertido mucho en el "Plan de los Mil Talentos"[15] (traer de regreso a expatriados con gran formación tecnológica[6]).

Gods Must Be Crazy!

Standing Credit Line at China's Central Bank

Source: CHINA'S OVERSEAS LENDING, Sebastian Horn, Carmen Reinhart, and Christoph Trebesch (KIEL WORKING PAPER NO. 2132)

Note: **This figure shows outstanding swap line agreements between China's central bank (PBoC) and foreign central banks.** Red shaded countries have a standing credit line agreement with the PBoC as of 2017.

In total, China has agreements with more than 40 foreign central banks for drawing rights of 550 billion USD. The figure also considers the multilateral swap agreements within the so called Chiang Mai initiative and within the Contingent Reserve Arrangement of BRICS countries.

The Gods Must Be Crazy!
China's Investment Strategy

Source: CHINA'S OVERSEAS LENDING, Sebastian Horn, Carmen Reinhart and Christoph Trebesch(KIEL WORKING PAPER NO. 2132)

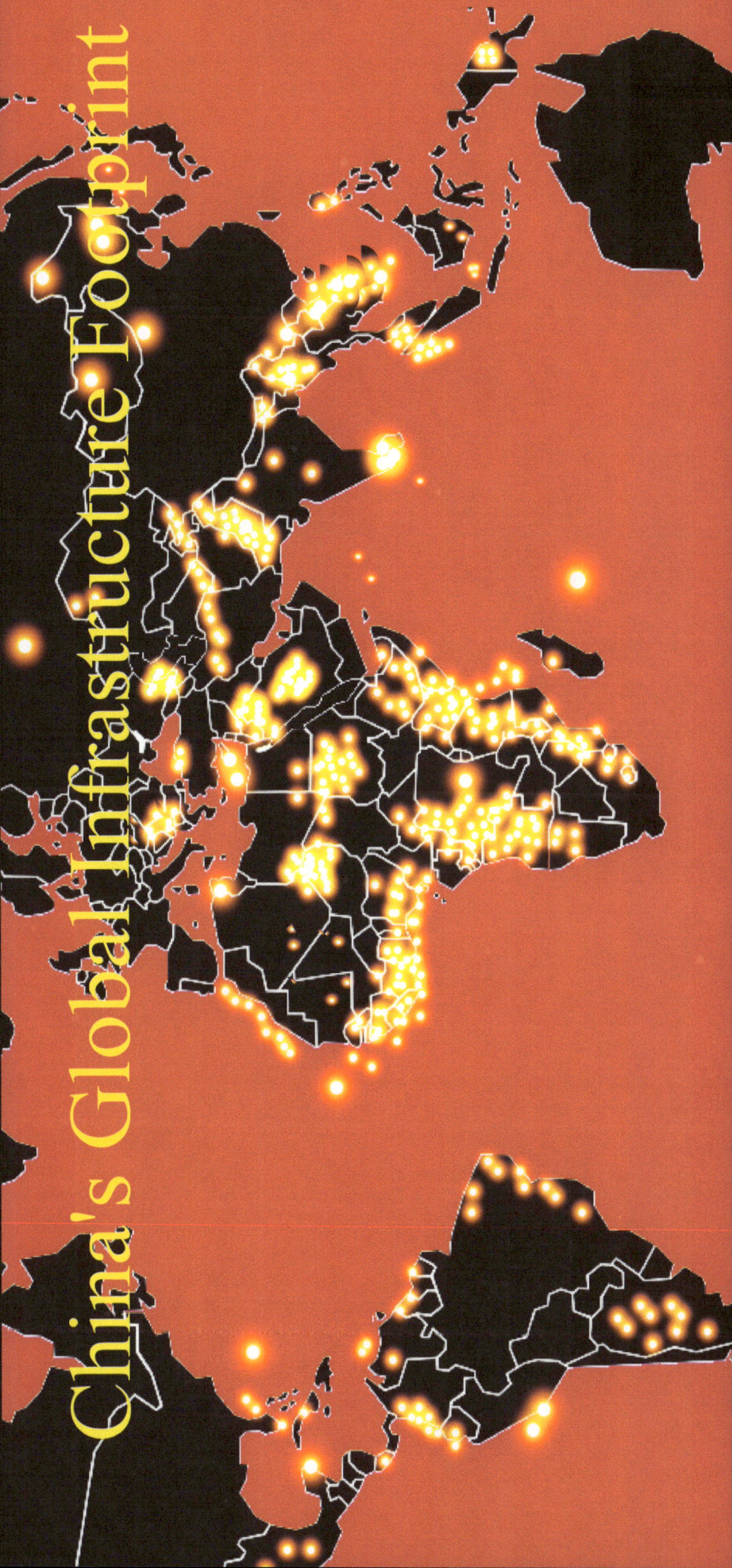

China's Global Infrastructure Footprint

Empresas financieras cuasi chinas financiadas por el estado, tales como Huawei y ZTE[17] están construyendo la mayor parte de la infraestructura digital de África. Sus cables de fibra óptica se han convertido en la columna vertebral de la conectividad digital de Asia Central. La RSD le dará al Partido Comunista Chino (PCCh) influencia en forma de *kompromat*[18] para manipular a empresas y líderes internacionales críticos, que se logra a través de su acceso a datos confidenciales por su capacidad sustancial para la recolección y análisis de datos.

Esta estructura otorgará al PCCh una enorme esfera de influencia política. De esta manera, establecerán reglas y estándares para la ejecución de sus ideologías políticas y autoritarias sin tener en cuenta al anfitrión, su población ciudadana y su soberanía. Las tecnologías chinas que invaden la privacidad, como la tecnología de reconocimiento facial y el ciber espionaje, ya se utilizan ampliamente en muchos países de todo el mundo para la vigilancia de los ciudadanos[19].

Más allá del comercio electrónico chino, la RSD permite la telemedicina, las finanzas por Internet y las ciudades inteligentes. El aspecto más alarmante de esto es que la RSD controlada por el estado puede manipular y recolectar los datos de sus ciudadanos colonizados a través de la computación cuántica, la inteligencia artificial y otras tecnologías de vanguardia[20]. Entonces esta información se puede utilizar para beneficio de China, no para la gente.

"¿No lo entiendes? El VC dice, 'vete, vete'. Este es el "fin" para toda la gente blanca en Indochina. Si eres francés, americano, es lo mismo. 'Vete.' Quieren olvidarte. Mira, Capitán. Mira, esta es la verdad. Un huevo. [rómpelo, escurriendo la clara (el blanco) del huevo] ¡El blanco se fue, pero el amarillo se queda! «

— Colono francés, "Apocalypse Now" —
(película de Francis Ford Coppola de 1979)

Competitividad

La Nueva Ruta de la Seda tenía el propósito principal de expandir la esfera de influencia y sus inversiones en Asia a través de avances en infraestructuras como la Iniciativa de la Franja y la Ruta de instituciones como el "Banco Asiático de Inversiones en Infraestructuras" (BAII). El BAII controlado por China tiene la calificación crediticia más alta de las tres agencias de calificación más grandes del mundo[21]. En 2015, la inversión inicial de esta institución con sede en Beijing fue al menos equivalente a dos tercios del capital del Banco Asiático de Desarrollo. La inversión inicial del BAII también es aproximadamente la mitad de la del Banco Mundial. El BAII es una amenaza directa para los cimientos del Banco Mundial y el FMI establecidos por los americanos.

En 1960, la economía de Estados Unidos constituía aproximadamente el 40% del PIB mundial. Ahora, es menos del 15% en la "paridad del poder adquisitivo" (PPA) según las estimaciones del FMI para 2020. Mientras tanto, el PIB de China a PPA es del 20% y sigue aumentando.[22] El PIB de China se ha multiplicado aproximadamente quince veces durante los últimos treinta años. Por el contrario, el PIB de EE. UU.EE. UU. solo se ha duplicado. Mientras tanto, las deudas no financieras internas de Estados Unidos se están disparando. Esta cifra es actualmente de $80 billones, mientras que el balance general federal de los Estados Unidos ahora tiene $7 billones en una deuda insostenible.

"La pérdida de ingresos del sector privado - y cualquier deuda contraída para llenar el vacío - eventualmente debe ser incluida, total o parcialmente, en los balances del gobierno. Los niveles de deuda pública mucho más altos se convertirán en una característica permanente de nuestras economías y estarán acompañadas de la cancelación de la deuda privada.

— Mario Draghi,
Expresidente del Banco Central Europeo

The Gods Must be Crazy!
The Crocodile from the Yangtze
IMF 2018 GDP in PPP (Trillion $)

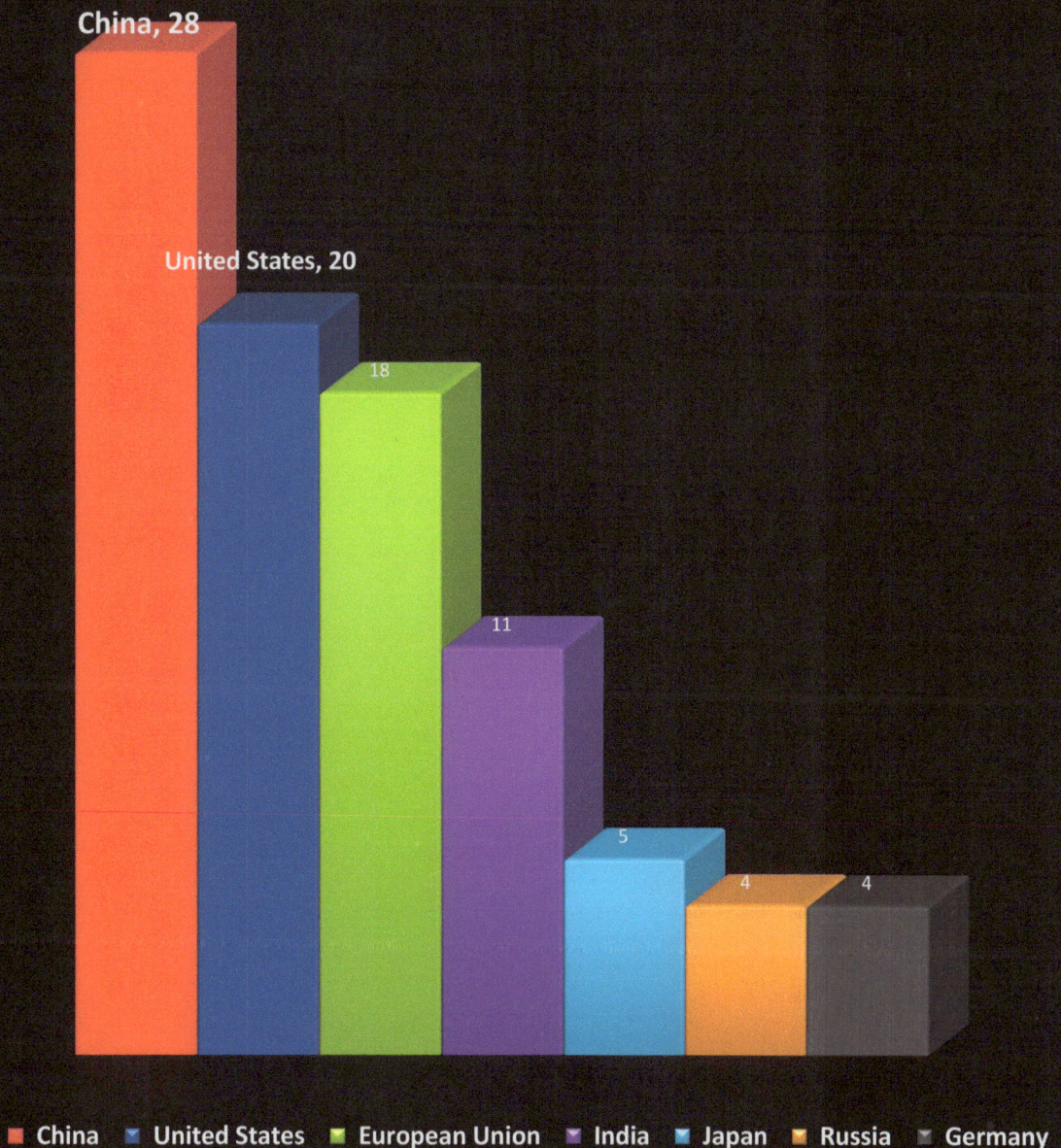

China, 28
United States, 20
18
11
5
4
4

China   United States   European Union   India   Japan   Russia   Germany

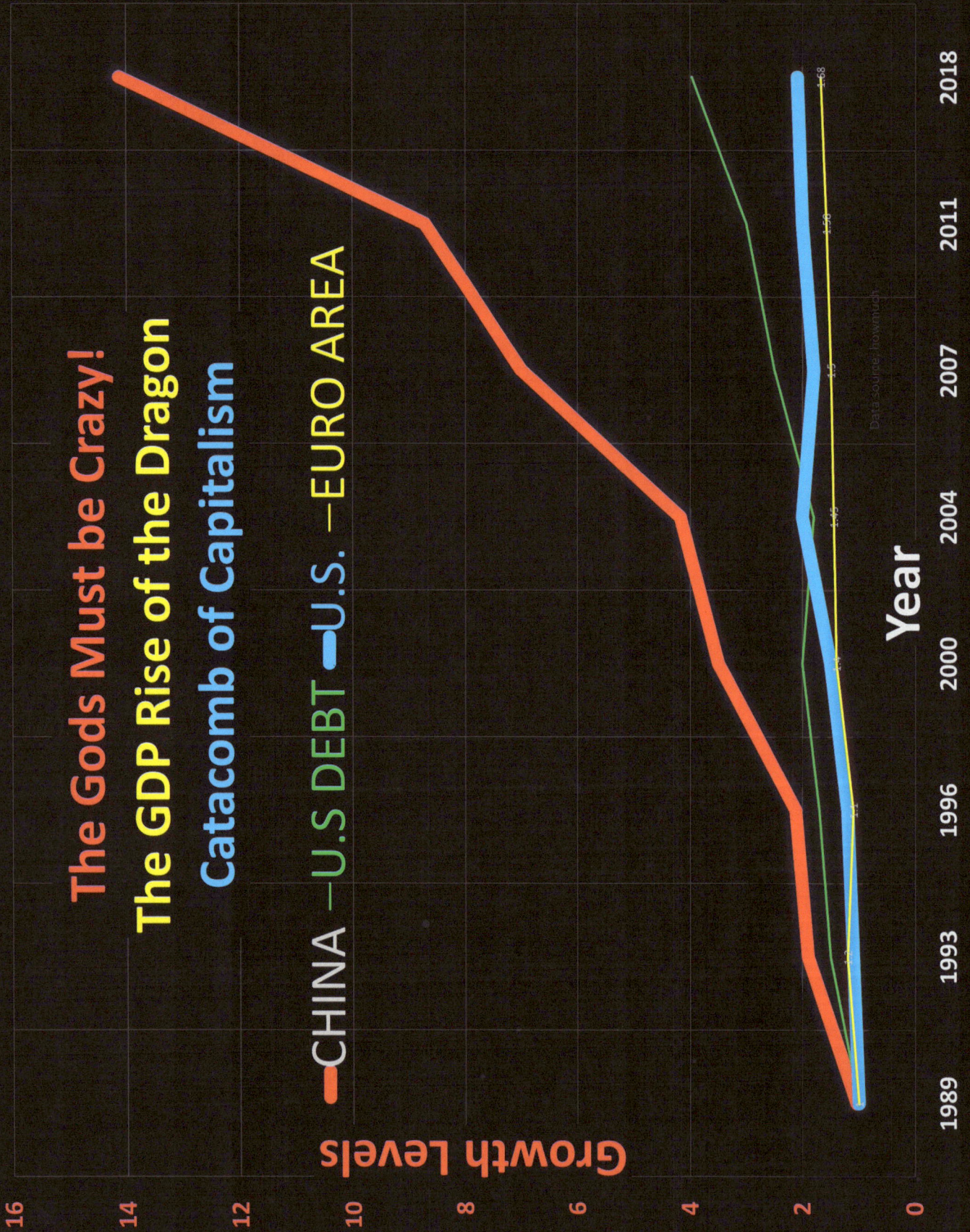

The Gods Must be Crazy!
The GDP Rise of the Dragon
Catacomb of Capitalism

CHINA — U.S DEBT — U.S. — EURO AREA

Growth Levels

Year

Data Source: howmuch

16
14
12
10
8
6
4
2
0

1989   1993   1996   2000   2004   2007   2011   2018

Ya se percibe una importante frustración asociada con la patética ejecución de las medidas de bloqueo para la contención del COVID-19. Para colmo de males, una de las consecuencias financieras del Coronavirus es la aceleración de la transferencia de riqueza a la cima de la pirámide. Este colapso en la solvencia financiera mundial puede resultar en disturbios y anarquía inimaginables, que he presenciado personalmente frente a mi casa en Chicago, y desencadenar guerras civiles a nivel mundial. Estos acontecimientos mundiales podrían volverse mucho más radicales de lo que hemos experimentado en las últimas semanas (mayo-junio de 2020) y, en última instancia, pueden tener un impacto profundo en los cimientos de las empresas de todo el mundo. Al mismo tiempo, las empresas de China están superando a los viejos guardias occidentales.

Seguridad Nacional

Durante 2017, desperdiciamos dinero en equipo militar prehistórico y personal costoso, mientras que el ejército chino gastó solo el 87% del presupuesto en defensa de los EE. UU[23]. China ha gastado sabia y estratégicamente para eliminarnos lo antes posible, comenzando con su patio trasero, en la región de Asia y el Pacífico. Tiene más de dos millones de personal activo (frente a 1 millón en los EE. UU.), Ocho millones en personal de reserva (frente a 800 mil en los EE. UU.) y más de 385 millones de tropas adicionales disponibles para el ejército (frente a 73 millones en los EE. UU.). Si bien los chinos han estudiado inteligentemente todos los aspectos de los EE. UU.EE. UU., los ciudadanos estadounidenses en su mayoría ignoran el mundo fuera de las fronteras de su nación, más allá de los aeropuertos y las elegantes trampas para turistas. La población de Estados Unidos es susceptible de quedar atrapada dentro de su torre de marfil clausurada y zonas verdes con una pared muy fortificada, "estupenda, grande, grande y hermosa[24],[25]".

El sistema de salud de EE. UU. está mal diseñado, es socialmente irresponsable, está aislado, es insalubre y es el derrochador de atención médica número uno (unos $5 billones al año) en el mundo. El sector está dirigido por una banda de "cárteles médicos".[26] Desde 1998, los bandidos farmacéuticos y de salud han gastado cinco mil millones de dólares solo en cabildeos. Como ha expuesto el COVID-19, incluso bajo la Ley de Producción de Defensa Presidencial, somos rehenes de China para nuestras propias mascarillas faciales fabricadas por 3M y el equipo de protección personal básico (EPP)

"En los EE. UU., el 90% de todos los medicamentos recetados se abastecen con fármacos genéricos, y una de cada tres píldoras consumidas es producida por un fabricante indio de genéricos.

La India obtiene alrededor del 68% de sus ingredientes farmacéuticos activos IFAs) de China."

Estudio de abril de 2020 de la KPMG
y la Confederación de la Industria India (CII)

New Confirmed COVID-19 Cases per Day, normalized by population

The Gods Must be Crazy!

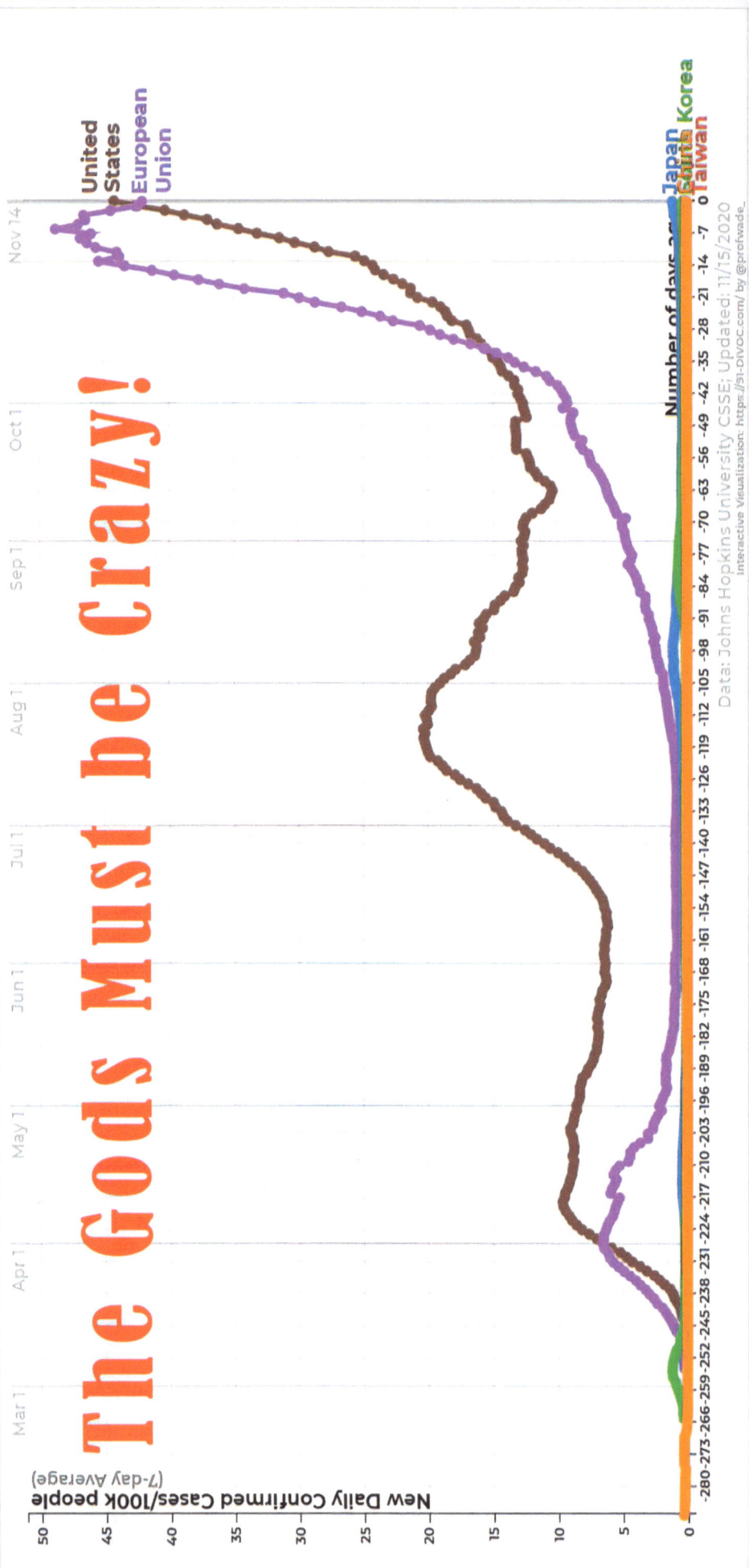

New Daily Confirmed Cases/100k people (7-day Average)

Number of days ago

United States
European Union
Japan
South Korea
Taiwan

Data: Johns Hopkins University CSSE; Updated: 11/15/2020
Interactive Visualization: https://91-DIVOC.com/ by @profwade_

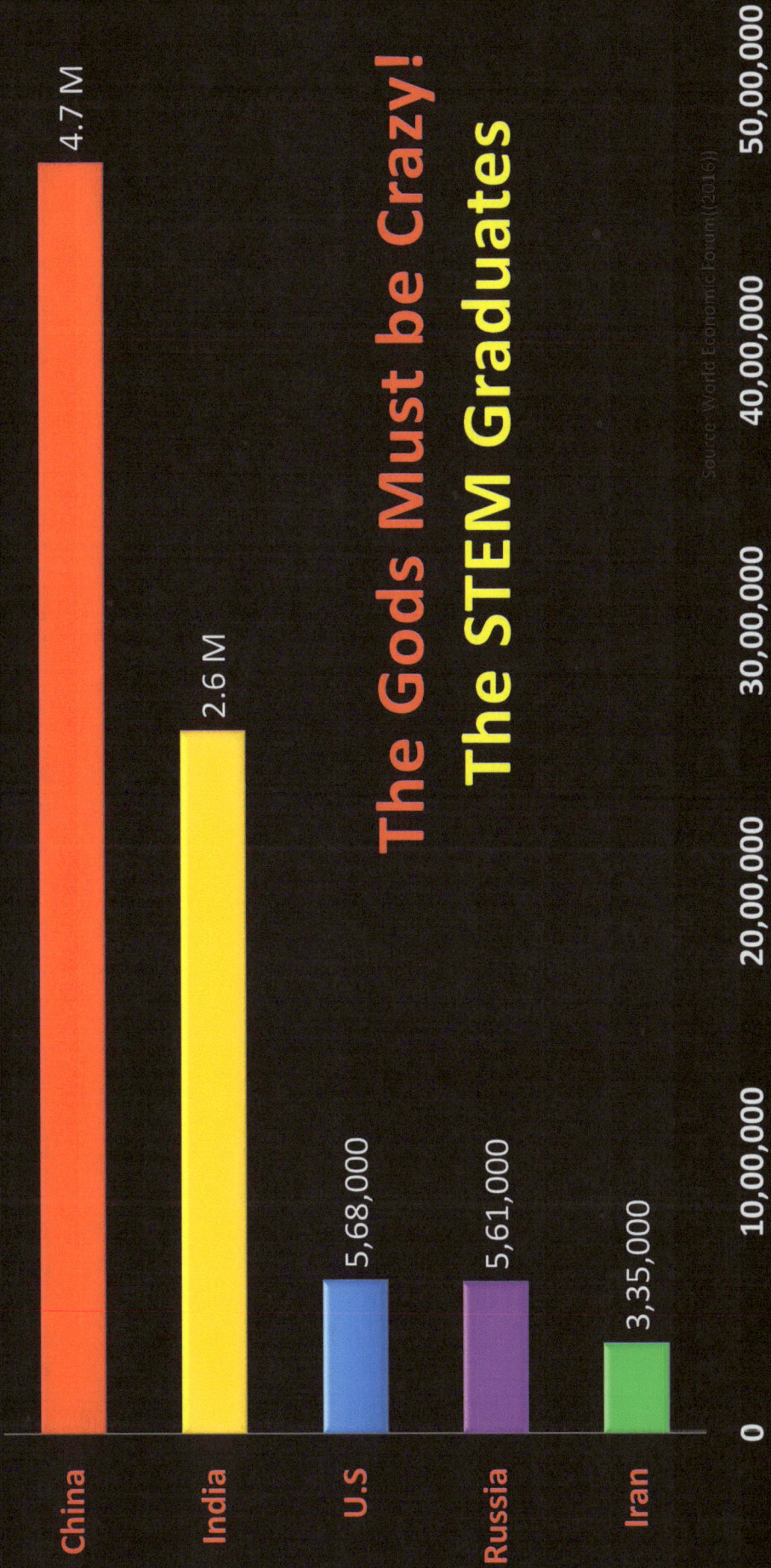

The Gods Must be Crazy!

The STEM Graduates

Country	STEM Graduates
China	4.7 M
India	2.6 M
U.S	5,68,000
Russia	5,61,000
Iran	3,35,000

Source: World Economic Forum (2016)

Conocimiento Avanzado

Según la OCDE, los Estados Unidos adjudican su presupuesto financiero a las universidades más que casi cualquier otro país. Esta decadencia, al igual que "la manía por los deportes atléticos" sin ningún retorno de la inversión, a menudo se atribuye al valor educativo[27]. Desafortunadamente, en Estados Unidos se gradúan anualmente un número significativamente menor de ingenieros en comparación con China o incluso la India. China lleva 35 años construyendo un sistema de patentes. Según la "Organización Mundial de la Propiedad Intelectual de las Naciones Unidas" (OMPI), los chinos dieron cuenta de casi la mitad de las solicitudes de patentes mundiales en 2018, registrando 1,54 millones de solicitudes (frente a menos de 600.000 de los EE. UU.), lideradas por la tecnología de las telecomunicaciones y la informática.

De 2017 a 2018, EE. UU. envió a más de 11.000 estudiantes a China[28] para recibir educación de bajo costo. En cambio, los estudiantes chinos representaron más del 30% de todos los estudiantes internacionales, que estudian en los Estados Unidos (363.000 estudiantes) para maestrías de alta tecnología, doctorados y más, en nuestras prestigiosas instituciones. China estaba construyendo una nueva universidad cada semana, y el 40 por ciento se graduó en una materia STEM, (Ciencias, Tecnología, Ingeniería, Matemáticas) en 2013, el doble de los estándares estadounidenses. Según estas estimaciones, el número de graduados chinos en STEM aumentará en aproximadamente un 300% para el año 2030.

Históricamente, el conocimiento avanzado ha sido el factor impulsor del crecimiento y la decadencia de los imperios y sus empresas. El conocimiento es la base de la comunidad y da poder en la mayoría de los ámbitos. Según el informe PISA 2015, EE. UU. se ha clasificado constantemente en el percentil 15 inferior del mundo desarrollado[29]. La educación deficiente conduce a la falta de oportunidades y a una sociedad desigual. Este trato injusto puede provocar disturbios civiles y causar graves daños a la economía y sus empresas.

Como resultado, uno de cada tres adultos estadounidenses ha sido arrestado a la edad de 23 años. Mientras que Estados Unidos representa alrededor del 4.4% de la población mundial, uno de cada cinco prisioneros del mundo está encarcelado en Estados Unidos. *Los hombres negros tienen seis veces más probabilidades de ser encarcelados que los hombres blancos".*[30] Estas desafortunadas estadísticas son la causa de protestas y disturbios que ocurren de manera constante.

> ## Si queremos alcanzar la verdadera paz en este mundo, debemos comenzar por educar a los niños
>
> Mahatma Gandhi

Sistema Capitalista

Un pescado se pudre de la cabeza hacia abajo. El fallo de la Corte Suprema de Ciudadanos Unidos, el 21 de enero de 2010, fue el último clavo en el ataúd del modelo de capitalismo de Roosevelt. El veredicto de Ciudadanos Unidos abrió la puerta a contribuciones electorales ilimitadas por parte de las corporaciones. La mayoría de estas contribuciones han sido canalizadas por grupos secretos conocidos como super PAC (Comités de Acción Política).[31]

Los chanchullos perpetrados en nuestro pantano (DC) y Wall Street permiten exenciones de impuestos, rescates y bonificaciones a los ejecutivos corporativos que ahogan a la gallina de los huevos de oro (sus empresas) a través de recompras en acciones e ingeniería financiera extrema. De 2009 a 2019, American Airlines desembolsó 13.000 millones de dólares en recompras en acciones, mientras que su flujo de caja libre para el mismo período fue negativo. Las seis principales aerolíneas invirtieron $47 mil millones de los $49 mil millones generados en recompras de acciones durante el mismo período.[32] Hoy, los contribuyentes desprevenidos continúan rescatando a estos individuos y los juegos de ingeniería financiera pronto capitalizarán esto, convirtiendo el desastre en una bonificación.

"Los capitalistas nos venderán la cuerda con la que los colgaremos."

Vladimir Ilich Lenin

Mientras tanto, el gobierno chino invierte billones de dólares en I+D, en nuevas fábricas, en educar a la fuerza laboral y financiándola para barrer con los ángeles caídos del oeste (nuestras empresas en problemas financieros). Durante estos tiempos turbulentos, incluso los fondos buitre del gobierno de Arabia Saudita están en llamas, vendiendo tours de compras y devorando sus participaciones en empresas estadounidenses más valiosas por unos pocos millones de dólares. Este listado de caza de ballenas incluye a nuestro segundo mayor contratista en defensa, Boeing, que gastó en una década $43 mil millones de un flujo de caja de $58 mil millones en recompra de acciones[33]. Nuestros sabios líderes están vendiendo este país por un puñado de dólares. Es una cuestión de seguridad nacional. Están cerrando los ojos deliberadamente y distrayendo al electorado ignorante arrojándoles carne podrida.

Las recompras son el ejemplo principal de una creciente tensión por la incompetencia entre los directores ejecutivos y los directorios".

"Hoy en Main Street, la gente está siendo eliminada. En este momento, los directores ejecutivos ricos no están, las juntas directivas que tienen un gobierno horrible no están. Solo la gente está."

"Lo que hemos hecho es apuntalar de manera desproporcionada a los directores ejecutivos y las juntas directivas de bajo rendimiento, y hay que eliminar a esa gente".

"Solo para tener en claro de quién estamos hablando. Estamos hablando de un fondo de cobertura que sirve a un grupo de empresas familiares multimillonarias"

¿A quién le importa? ¿No disfrutan del verano en los Hamptons?

"Sería mejor que el gobierno federal hubiese dado medio millón a cada hombre, mujer y niño en los Estados Unidos".

—— Entrevista de Chamath Palihapitiya para la CNBC. ——
(Inversor multimillonario y exvicepresidente para el Crecimiento de Usuarios de Facebook)

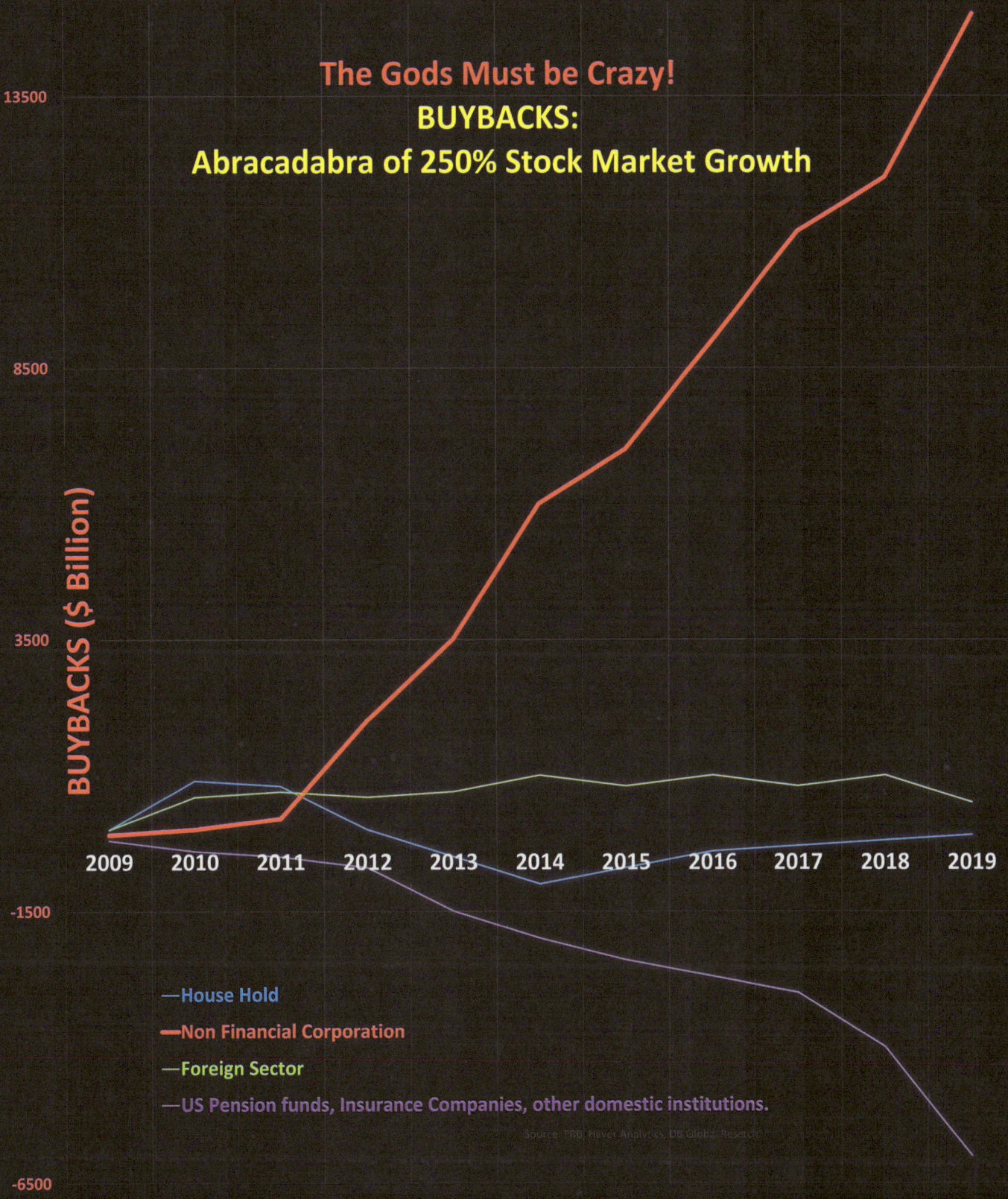

The Gods Must be Crazy!
BUYBACKS:
Abracadabra of 250% Stock Market Growth

BUYBACKS ($ Billion)

13500

8500

3500

-1500

-6500

2009 2010 2011 2012 2013 2014 2015 2016 2017 2018 2019

— House Hold
— Non Financial Corporation
— Foreign Sector
— US Pension funds, Insurance Companies, other domestic institutions.

Source: FRB, Haver Analytics, DB Global Research

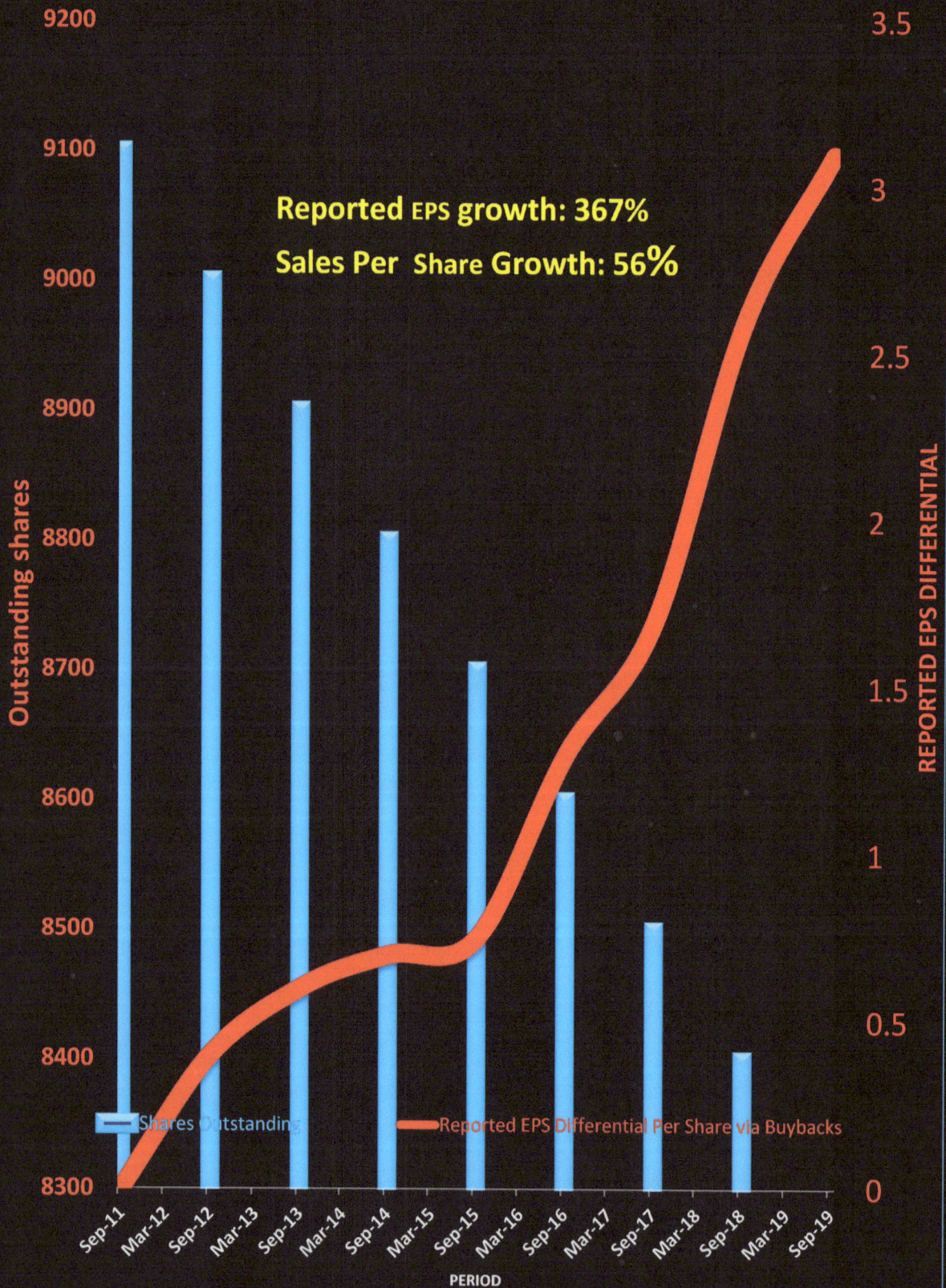

The Gods Must be Crazy!
BUYBACKS: The Accounting Gimmick!
Catacomb of Capitalism?

Reported EPS growth: 367%

Sales Per Share Growth: 56%

Shares Outstanding

Reported EPS Differential Per Share via Buybacks

Outstanding shares

REPORTED EPS DIFFERENTIAL

PERIOD

Source Data: Real Investm

un sistema cuyos tentáculos se extendían profundamente. Mientras China está dirigida por los mejores ingenieros y avanza hacia el sistema meritocrático, nuestros líderes se aprovechan de la parte más vulnerable e insatisfecha de nuestra sociedad y ganan las elecciones tirándoles huesos de la basura. El sistema chino no puede cambiar al Partido Comunista, pero el Partido puede cambiar estratégicamente las políticas para aprovechar los mejores intereses del país a largo plazo. En los Estados Unidos, podemos cambiar de partido en cada mitad del ciclo electoral o cada cuatro años; sin embargo, lamentablemente, seguimos estancados con las anticuadas políticas del "Harakiri" de mente cerrada de algunos grupos de presión con intereses especiales. El sistema capitalista moral y ético basado en las reglas, que desarrollaron los Roosevelts, construyó una reserva de plusvalía en el país y en el extranjero en los últimos setenta y cinco años. Por desgracia, actualmente Estados Unidos está drenando el pantano, tanto en casa como en el extranjero, con sus draconianas políticas cortoplacistas.

La forma radical ortodoxa de capitalismo, que practican desenfrenadamente hoy los ingenieros financieros, conduce a trampas de deuda que contribuyen a la colonización económica, el populismo, el imperialismo, el fascismo, los levantamientos, los disturbios, las revoluciones, las guerras, los conflictos y el anarquismo. Como lo hemos experimentado en las elecciones primarias de Estados Unidos, candidatos presidenciales como Bernie Sanders, Elizabeth Warren, Joe Biden y otros predicarán sin éxito el socialismo (redistribuyen la riqueza preservando la democracia).

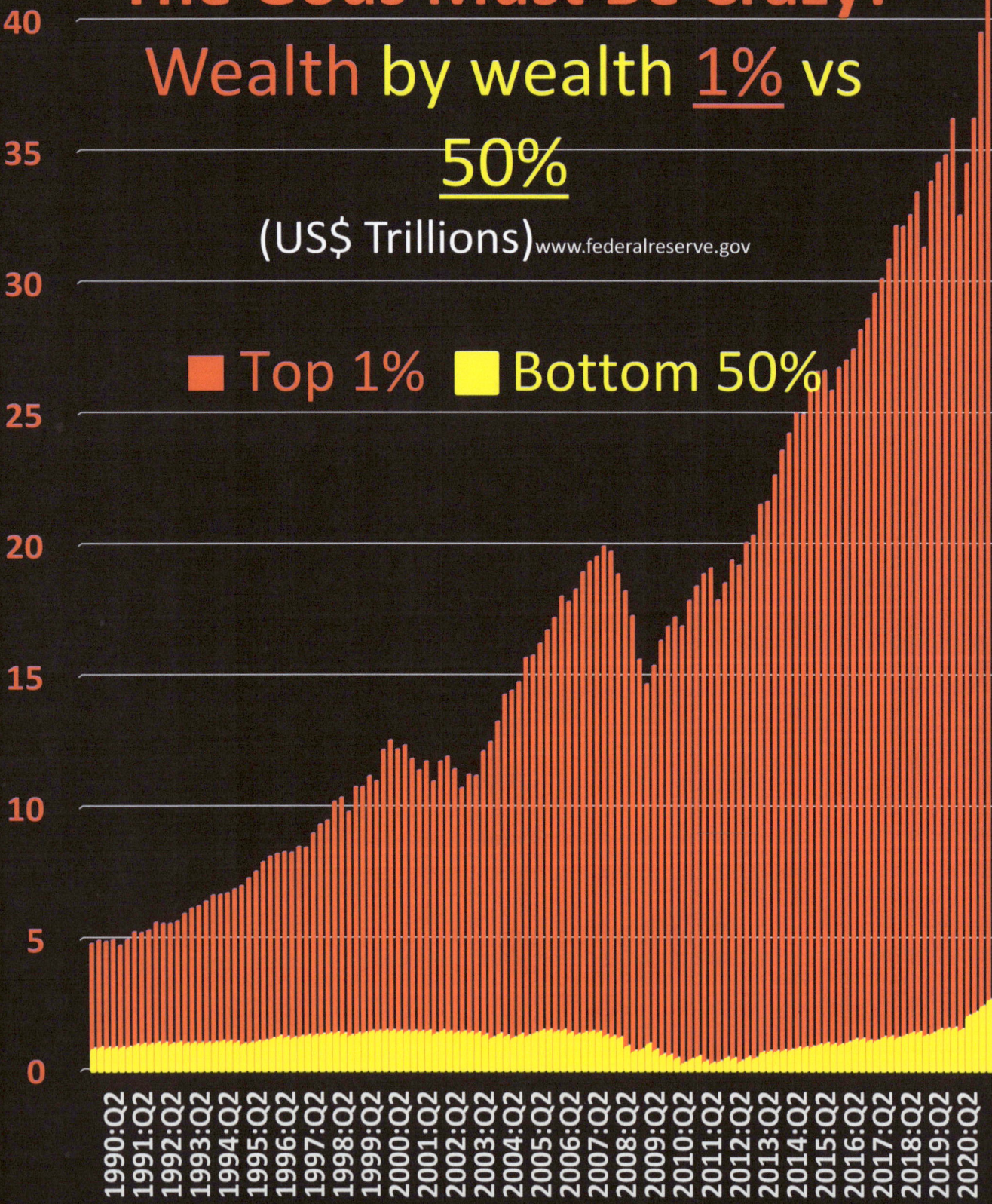

The Gods Must Be Crazy!
Wealth by wealth 1% vs 50%
(US$ Trillions) www.federalreserve.gov

■ Top 1%   ■ Bottom 50%

Desalentados, algunos ideólogos extremistas de la izquierda recurrirán al comunismo (dividiendo la mayor parte de la riqueza casi por igual), como se viera en Venezuela, Zimbabue y Corea del Norte. Lo más preocupante es que muchos en el espectro de la derecha se convertirán en milicias fascistas (capitalismo autocrático controlado por el estado), como fue el caso del Tercer Reich (La Alemania nazi), la Italia fascista y el Japón imperial en las décadas de 1920 y 1930.

Las versiones "Cisne Negro" de eventos extremos como el COVID-19, que ocurren (y se exacerban) en tiempos de vulnerabilidad, sirven para inflamar exponencialmente la espiral descendente que se refuerza a sí misma. Desde la crisis económica de 2008, que resultara en una dislocación masiva de la riqueza, se ha estado gestando una segunda guerra civil. El brote de COVID-19, las manifestaciones de *Black Lives Matter* (Las Vidas de los Negros Son Importantes), guerras de libertades de género y derechos de las minorías y los disturbios posteriores están avivando las brasas de un fuego lento. Si no se maneja correctamente, el incendio se extenderá globalmente como el incendio forestal de la Primavera Árabe y se producirá el apocalipsis.

Ingeniería Financiera Extrema

Dando crédito a los pocos Gordon Gekko[36] en la Elysium[37], la gran mayoría de la gente sufre económicamente. Es la culminación de la ilusión de la llamada globalización y el capitalismo de Roosevelt. **Hay mucha culpa para todos, comenzando conmigo mismo.**

"La hora del mayor triunfo del capitalismo es la hora de su crisis"[38], y una crisis es algo terrible como para desperdiciarla. Estados Unidos se convirtió en una superpotencia capitalista porque Roosevelt convirtió la Primera y Segunda Guerras Mundiales, la gripe española, la Gran Depresión y otras crisis en oportunidades al vencer al Imperio Británico, que perdió su entusiasmo. Ahora China está disfrutando de una situación similar. El 11 de septiembre de 2001, y en particular el tsunami económico de 2008 nos ofreció fantásticas oportunidades para aprovechar nuestro *ejército* indiscutiblemente supremo, la *moneda* de reserva, la buena voluntad política y una miríada de otros *recursos*.

Pero nuestros cabilderos en el fango, que es Washington DC, han pirateado la oportunidad, usándola para apuntalar sus chanchullos de Wall Street (que iniciaron el problema en primer lugar), en lugar de invertir en nuestra infraestructura crítica que se desmorona.

Desafortunadamente, en lugar de aprovechar las fantásticas oportunidades mundiales, la Consultoría BIG4 y las firmas contables etc., tomaron la ruta parasitaria. Estas oportunidades se enmarcaron como pasivos; el futuro y las oportunidades se convirtieron en centros de costos en lugar de centros de ganancias. Estaban bien versados en la práctica de la ingeniería financiera ortodoxa extrema y perseveraron en azotar al deteriorado caballo capitalista por unos pocos dólares, deslocalizando todo el futuro capitalismo hacia el este. Estos esquemas, como la evaluación comparativa sin sentido, las transformaciones (TI, finanzas, cadena de suministro, etc.) en la gestión de la cadena de suministro con eficacia fiscal (TESCM), la subcontratación de procesos comerciales, la fabricación por contrato, la deslocalización de I+D, la reestructuración y más, crearon un daño irreparable a la resiliencia de la empresa. El resultado final es una empresa carente de valor.

Los Fondos Buitre Parasitarios, los piratas corporativos y las firmas de *Private Equity* lo aprovecharon como una oportunidad para asaltar las pocas empresas que quedaban con excelentes balances generales, chupándoles toda la sangre que quedaba al cargarlas con deudas a corto plazo y con altas tasas de interés. Incluso cuando la empresa allanada fracasaba, las firmas parásitas de *Private Equity* se embolsaron su dinero ensangrentado gracias a las tarifas y a los intereses iniciales.

A diferencia de verlo como una oportunidad para reinvertir en sus propias empresas, los líderes de nuestras corporaciones gourmet y sus compinches de las Juntas Directivas lo consideraron una oportunidad para colaborar con los grandes balances mediante recompras de acciones, de este modo enriqueciéndose Como en el tsunami económico de 2008, los contribuyentes rescataron a estas empresas zombis: el mal comportamiento financiero en DC, que resultó en la privatización de las ganancias socializando los pasivos con el contribuyente.

Según la SBA (Agencia Federal para el Desarrollo de las Pequeñas Empresas), las pequeñas empresas representan el 99,7% de las empresas empleadoras de EE. UU. y el 64% de los nuevos empleos netos del sector privado[39]. Solo en unas pocas semanas de 2020, el 25% de las pequeñas empresas cerraron, dejando cerca de 40 millones de estadounidenses desempleados. El reloj no se detiene de forma permanente.

Siendo estos carroñeros extremos de la ingeniería financiera, los proveedores de ideas y mala conducta profesional en las oportunistas escuelas de negocios de la Liga IVY, deben aceptar su parte justa de responsabilidad por linchar la debilitada base capitalista construida por los Roosevelts; Teddy, Franklin y Eleanor. Muchos graduados de las escuelas de negocios de la liga IVY y profesionales de alto nivel que persiguen sus sueños financieros, terminan en Wall Street o con una de las firmas BIG4. La mayoría de los ingenieros de "*la crème de la crème*" también terminan en esta práctica de ingeniería financiera, por *Unos Pocos Dólares Más*.

Pero ¿*de qué sirve Wall Street*? Mucho de lo que hacen los banqueros de inversión es socialmente inútil y potencialmente peligroso para las economías de Estados Unidos y del mundo. Aparte de los productos tóxicos de ingeniería financiera, ¿qué cosas tangibles diseñan, construyen o venden? Wall Street se desconectó de la *Main Street*. Ellos pusieron de rodillas a la economía, creando el *Too Big to Fail* (Demasiado Grandes para Quebrar), que socializó los pasivos (con el contribuyente) y privatizó las ganancias. Crearon los derivados y otras ADM (armas de destrucción masiva) y alentaron la toma de riesgos sesgada en un mercado amañado.

Como se muestra en el gráfico a continuación, dos tercios de los ingresos del BIG4 provienen de las prácticas fiscales y de auditoría. Las prácticas de auditoría realizan la autopsia de números históricos y evitan problemas con los requisitos de cumplimiento internos y externos. Las prácticas fiscales también ayudan a los clientes a aprovechar las lagunas de los beneficios fiscales, apartados de correos (paraísos fiscales en el extranjero), TESCM y otras prácticas que pueden ser tóxicas para los contribuyentes. Una parte importante de las prácticas de consultoría consiste en ingeniería financiera. ¿Hasta qué punto nuestras instituciones de la liga IVY le dan un "maquillaje de verde" a las RSE (Responsabilidades Sociales Corporativas) y al futuro ético de la Empresa y América? ¿O solo son capaces de ser termitas devorando su base?

"Entre 2009 y 2015, las 50 empresas más grandes de Estados Unidos obtuvieron más de $423 mil millones en exenciones fiscales y gastaron más de $2.5 mil millones en presionar al Congreso para mejorar aún más sus resultados".

Oxfam America

The Gods Must be Crazy!
BIG4 revenue (2018) by services

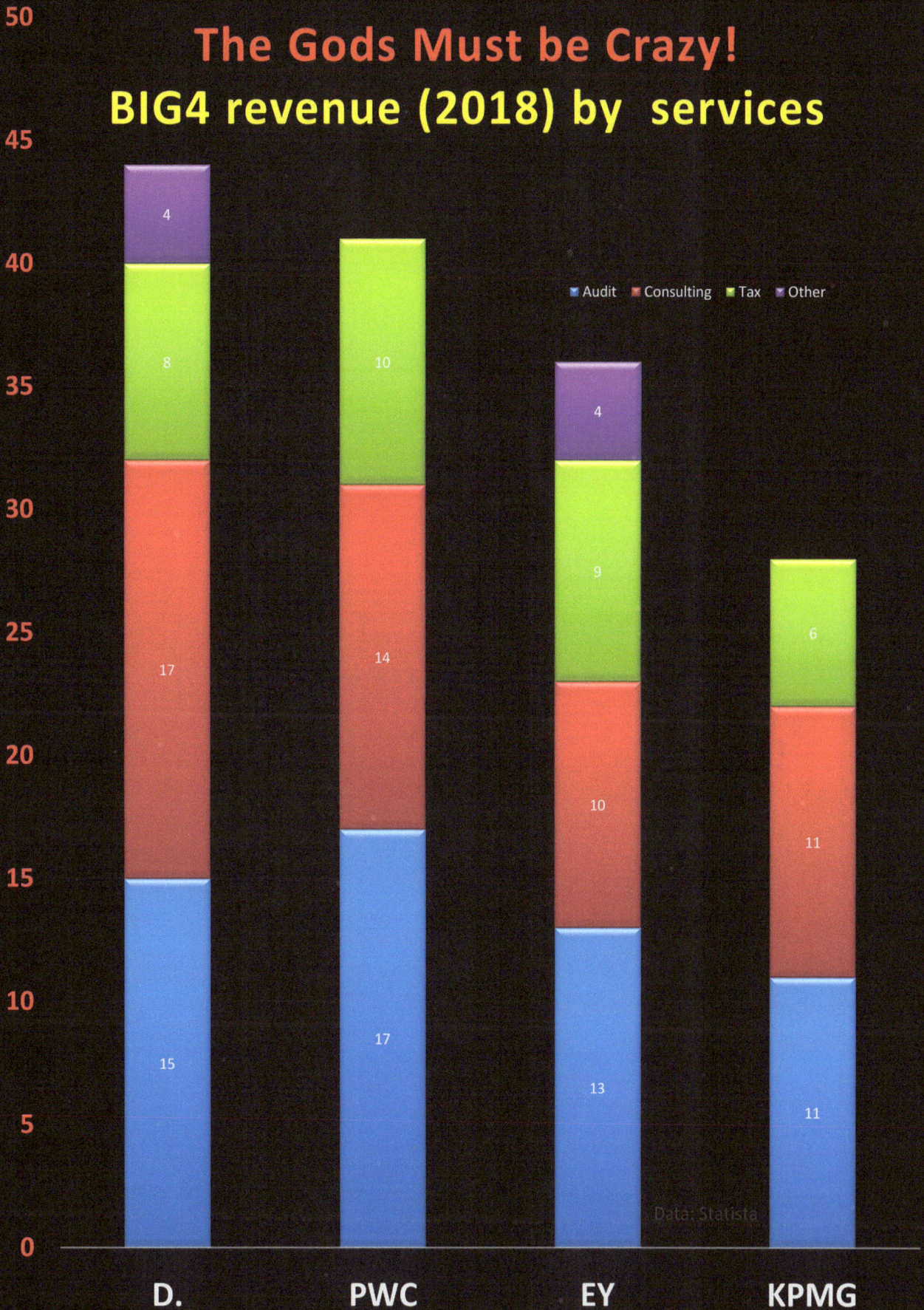

Legend: Audit | Consulting | Tax | Other

D.
- Other: 4
- Tax: 8
- Consulting: 17
- Audit: 15

PWC
- Tax: 10
- Consulting: 14
- Audit: 17

EY
- Other: 4
- Tax: 9
- Consulting: 10
- Audit: 13

KPMG
- Tax: 6
- Consulting: 11
- Audit: 11

Data: Statista

www.ERMMavericks.com

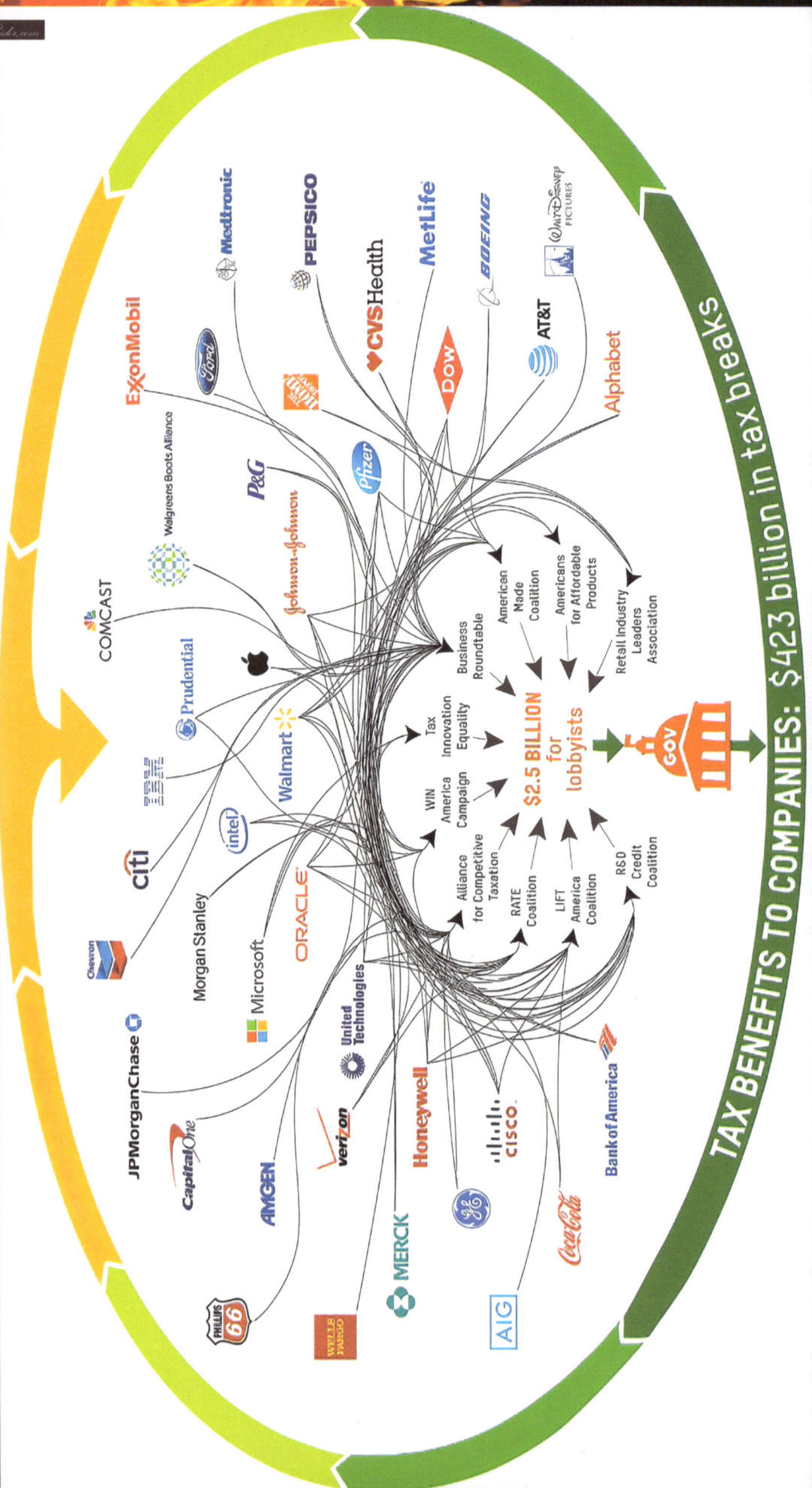

TAX BENEFITS TO COMPANIES: $423 billion in tax breaks

$2.5 BILLION for lobbyists

ExxonMobil · Medtronic · PEPSICO · MetLife · BOEING · WALT DISNEY PICTURES · CVS Health · DOW · AT&T · Alphabet · Ford · P&G · Johnson & Johnson · Pfizer · Walgreens Boots Alliance · COMCAST · Prudential · IBM · Walmart · intel · Citi · Morgan Stanley · Microsoft · ORACLE · United Technologies · JPMorganChase · Capital One · verizon · AMGEN · Honeywell · CISCO. · GE · Bank of America · MERCK · Coca-Cola · PHILLIPS 66 · WELLS FARGO · AIG · Chevron · Apple

Business Roundtable · American Made Coalition · Americans for Affordable Products · Retail Industry Leaders Association · Tax Innovation Equality · WIN America Campaign · Alliance for Competitive Taxation · RATE Coalition · LIFT America Coalition · R&D Credit Coalition · GOV

Elysium

Entonces, nuestros parásitos destruyeron la base capitalista diseñada por Roosevelt. Como resultado, estamos experimentando la desaparición del estado-nación. En su lugar, estamos presenciando el espectacular surgimiento de una nueva clase de *'Elysium-on-Steroids'* (se refiere al álbum de música Elysium y a la letra) que piratean los cimientos colapsados del sistema capitalista de Roosevelt.

Sofocando la innovación y apropiándose de la democracia, grupos como FAANG (Facebook, Amazon, Apple, Netflix y Google) se están convirtiendo en los cárteles más peligrosos del mundo. Y con una capitalización de mercado combinada de alrededor de $5 billones, están amenazando los cimientos mismos de la civilización.

FAANGM (Facebook, Amazon, Apple, Netflix, Google y Microsoft) han agregado solo este año un billón de dólares en capitalización de mercado. Eso es más que todo el valor de mercado del sector energético de S&P 500. Mientras tanto, la economía real está colapsando. Mientras *Wall Street* y los Titanes de la Tecnología disfrutaban de la explosión de sus vidas, la miseria sobrevenía en la *Main Street* cuando vio su peor trimestre en al menos 145 años.

Una cuarta parte de los ciudadanos del mundo son usuarios activos de Facebook. Se puede argumentar que incluso consiguieron elegir al presidente de los Estados Unidos. En un memorando, el vicepresidente de Facebook, Andrew Bosworth, escribió que el uso de las herramientas publicitarias de Facebook por parte de la campaña Trump fue responsable de la victoria de Donald Trump en las elecciones presidenciales de 2016[40]. Inclusive puede volver a suceder. Será interesante ver el destino del dólar estadounidense cuando Facebook colonice a sus ciudadanos con su Libra (criptomoneda) Electro-Dólar.

"Sin discurso civil, sin cooperación; desinformación, falsedad. Y no es un problema estadounidense, no se trata de anuncios rusos. Este es un problema mundial".

"Creo que hemos creado herramientas que están destrozando el tejido social de cómo funciona la sociedad. Los circuitos de retroalimentación a corto plazo impulsados por la dopamina que hemos creado están destruyendo el funcionamiento de la sociedad.
Ustedes están siendo programados".

"Me siento tremendamente culpable. En el fondo, en los profundos recovecos de nuestras mentes, sabíamos que algo malo podía pasar".

— Chamath Palihapitiya —
(Inversor multimillonario y ex Vicepresidente de Crecimiento de Usuarios de Facebook)

¡Viva Wall Street!

Hubo un tiempo en que Nueva York era el centro financiero del mundo, porque Estados Unidos estaba económicamente en la cima del mundo. China creó su centro de negocios en Shanghái y ya ha comenzado a desbancar la influencia estadounidense. Después de alcanzar su punto máximo, a fines de la década de 1990, el número de corporaciones públicas en los EE. UU. ha disminuido constantemente. Gracias al *Private Equity*, las fusiones y adquisiciones y las salidas de capital, se redujo de más de 7.000 empresas a menos de 3.000. Mientras tanto, el mercado de valores chino creció de cero a alrededor de 4.000 empresas, además de las 2.500 que cotizan en Hong Kong.

Tenemos que ver que las empresas chinas, en parte con el apoyo de fondos estatales, están tratando cada vez más de comprar empresas europeas que son baratas de adquirir o que tuvieron dificultades económicas debido a la crisis del coronavirus...
En el futuro, China será nuestro mayor competidor en términos económicos, sociales y políticos...
Veo a China como el competidor estratégico de Europa, que representa un modelo autoritario de sociedad, que quiere expandir su poder y reemplazar a Estados Unidos como potencia líder
Por lo tanto, la Unión Europea,
debería reaccionar de forma coordinada
y poner fin al ' tour de compras chino'.

Manfred Weber
(Jefe de la agrupación del PPE en el Parlamento de la UE
(Noticias de la NPR 17-05-20)

Una vez fue diferente, alrededor de 1960, la economía de los Estados Unidos constituía alrededor del 40% del PIB mundial. Por desgracia, como hemos visto, ha caído a menos del 15% en PPA. Mientras tanto, en la actualidad el PIB de China está aumentando en más del 20% del PIB mundial. Nuestra estúpida y extrema codicia ha desperdiciado nuestra clientela y renombre comercial. Si no actuamos juntos y rápidamente, nuestros días de Imperio y Empresa están contados; especialmente considerando que controlamos el 79,5% de todo el comercio mundial gracias a nuestra condición de moneda de reserva (el dólar estadounidense)[41].

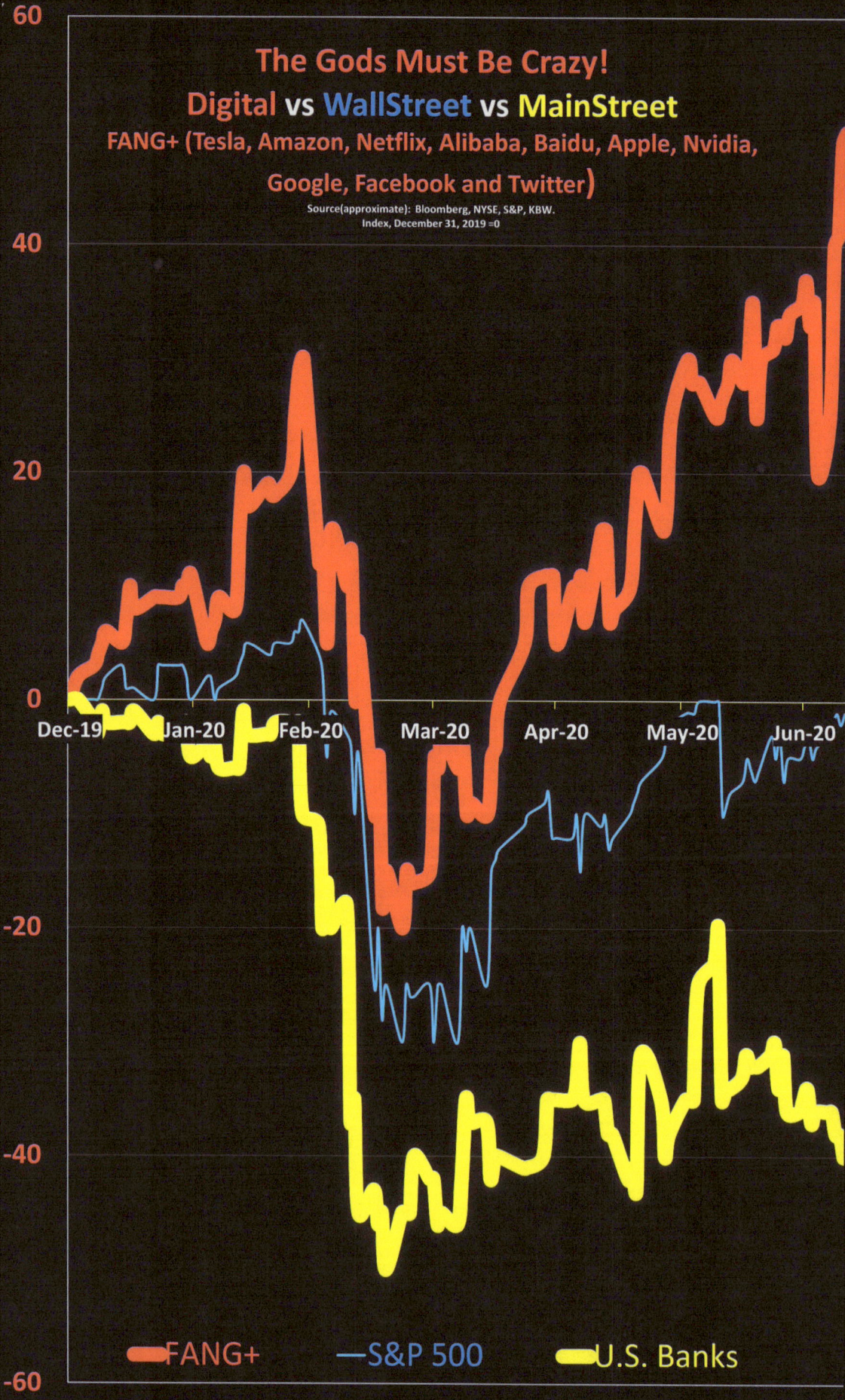

The Gods Must Be Crazy!
Digital vs WallStreet vs MainStreet
FANG+ (Tesla, Amazon, Netflix, Alibaba, Baidu, Apple, Nvidia, Google, Facebook and Twitter)
Source(approximate): Bloomberg, NYSE, S&P, KBW.
Index, December 31, 2019 =0

FANG+   S&P 500   U.S. Banks

The Gods Must Be Crazy!
Real Gross Domestic Product
Source: U.S. Bureau of Economic Analysis(FRED, Q2 2020)

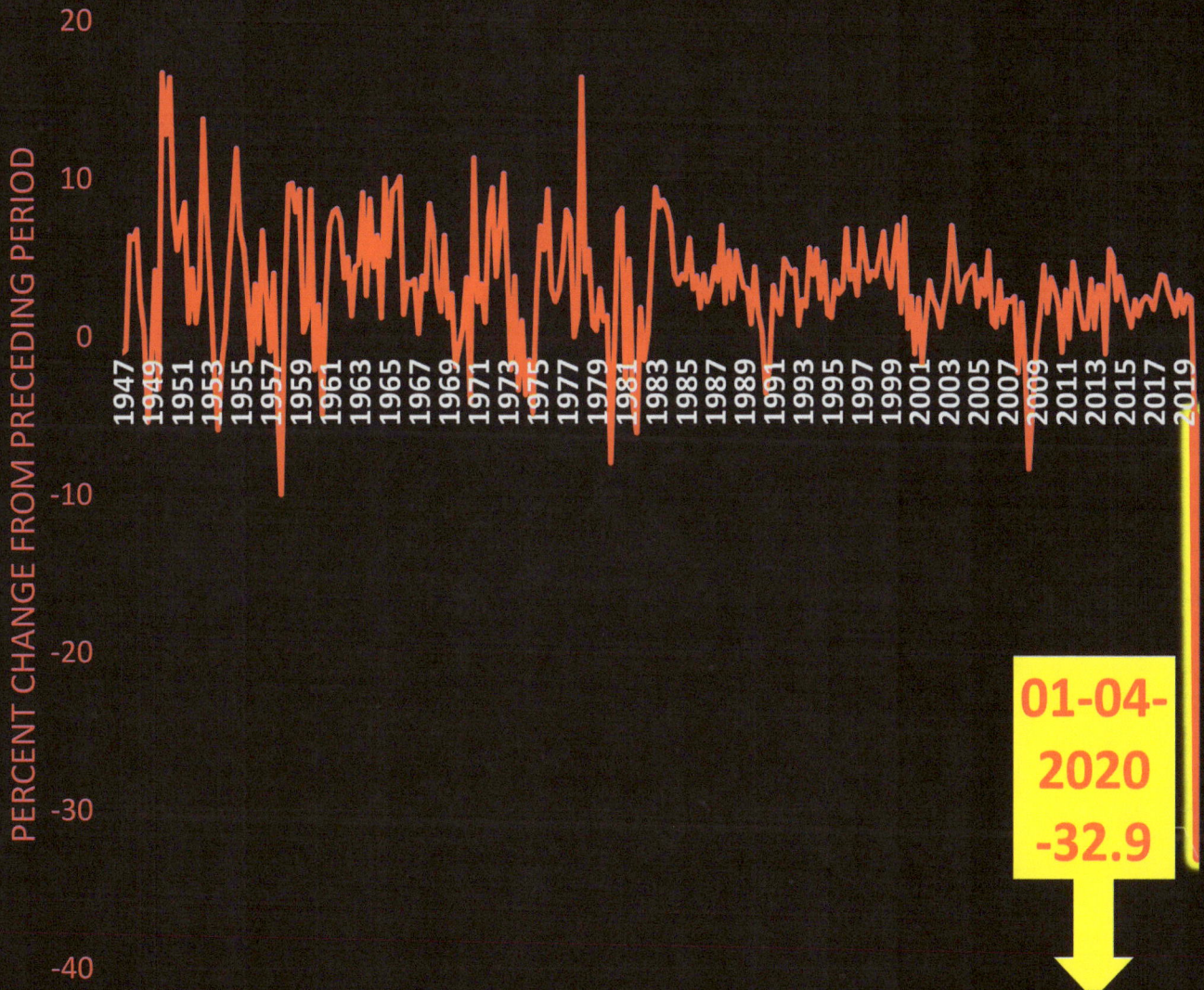

PERCENT CHANGE FROM PRECEDING PERIOD

01-04-
2020
-32.9

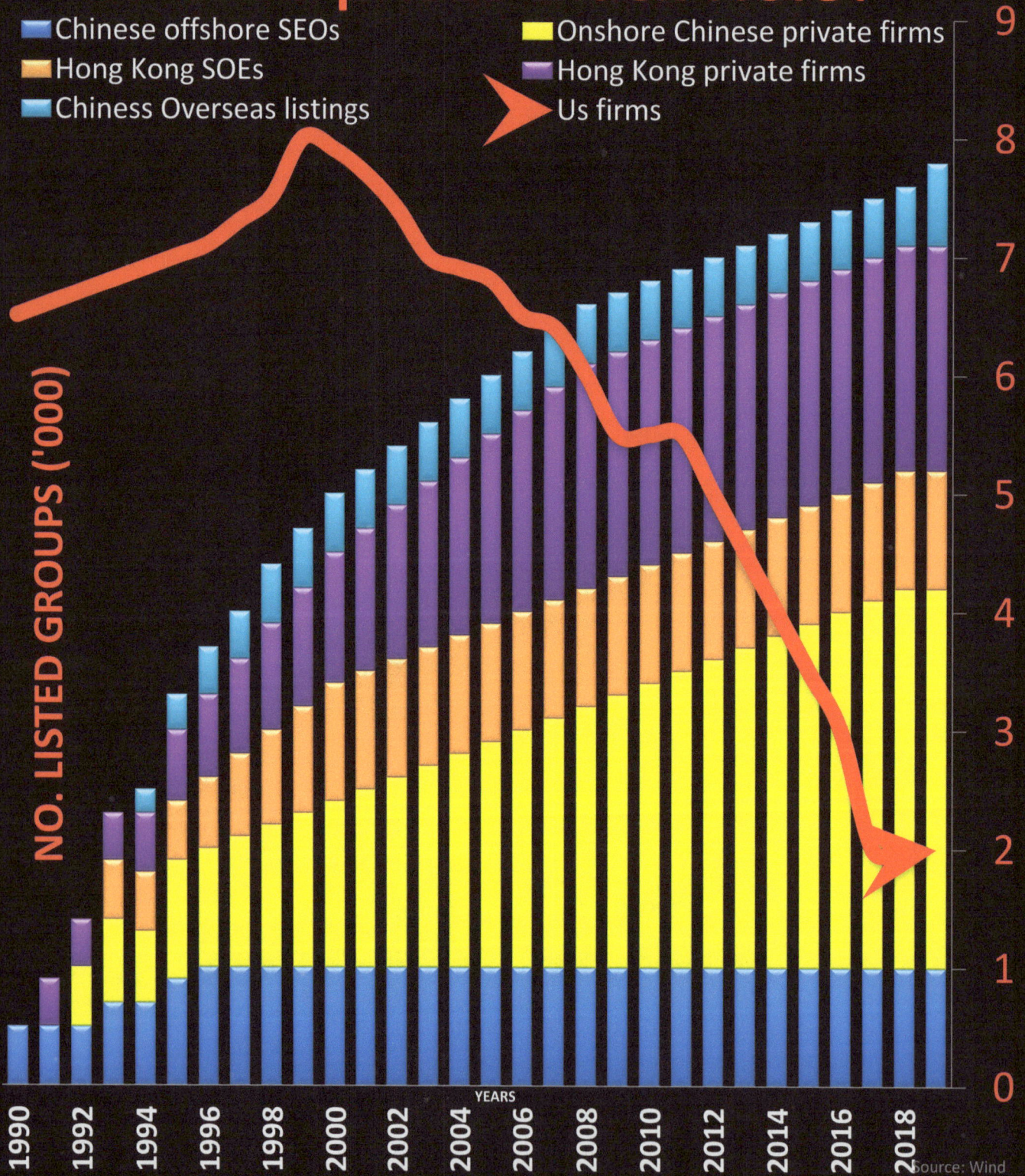

The Gods Must be Crazy!
Catacomb of Capitalism?
US Enterprises Black Hole?

Legend:
- Chinese offshore SEOs
- Onshore Chinese private firms
- Hong Kong SOEs
- Hong Kong private firms
- Chiness Overseas listings
- Us firms

NO. LISTED GROUPS ('000)

YEARS

1990 1992 1994 1996 1998 2000 2002 2004 2006 2008 2010 2012 2014 2016 2018

Source: Wind

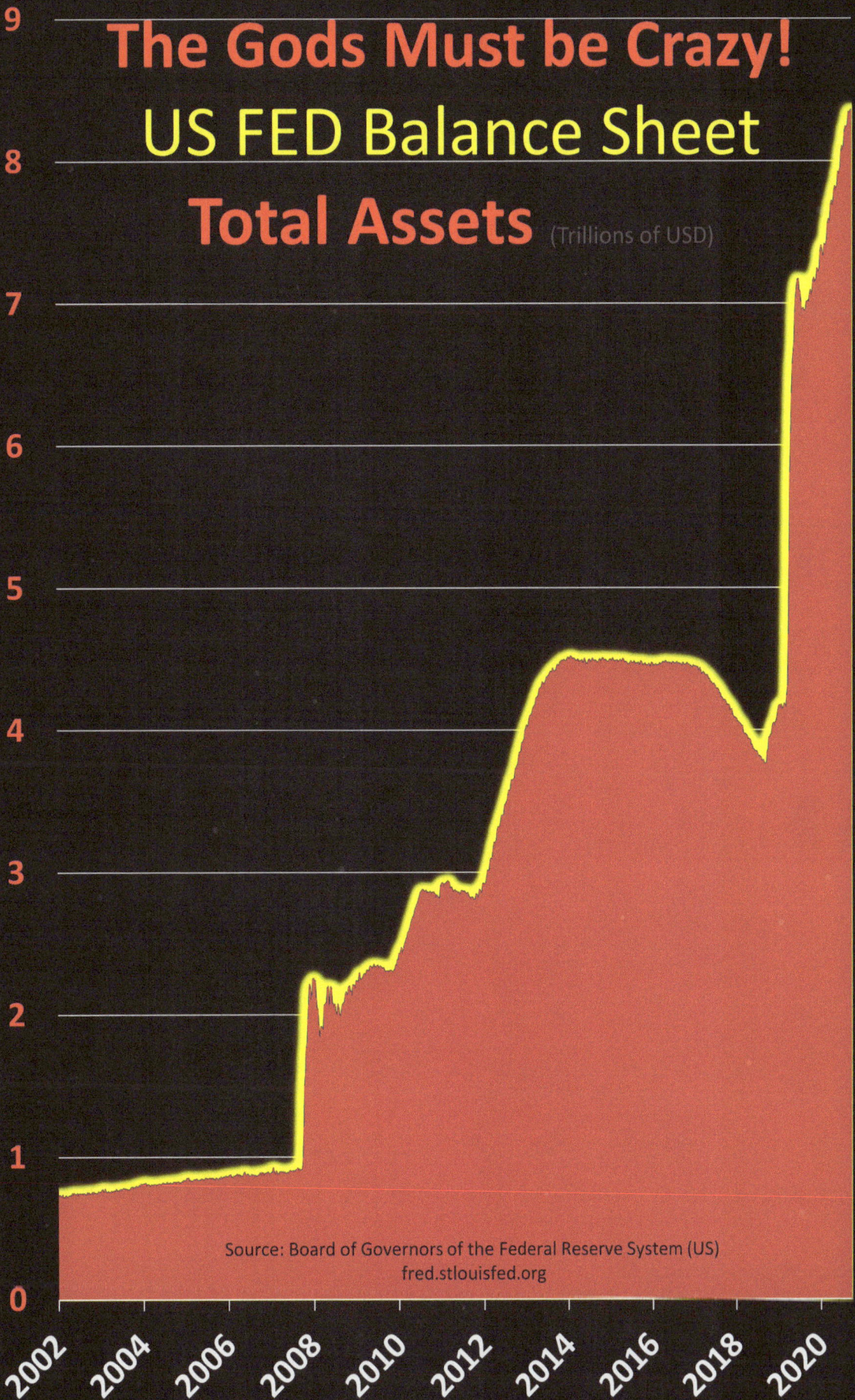

The Gods Must be Crazy!

US FED Balance Sheet

Total Assets (Trillions of USD)

Source: Board of Governors of the Federal Reserve System (US)
fred.stlouisfed.org

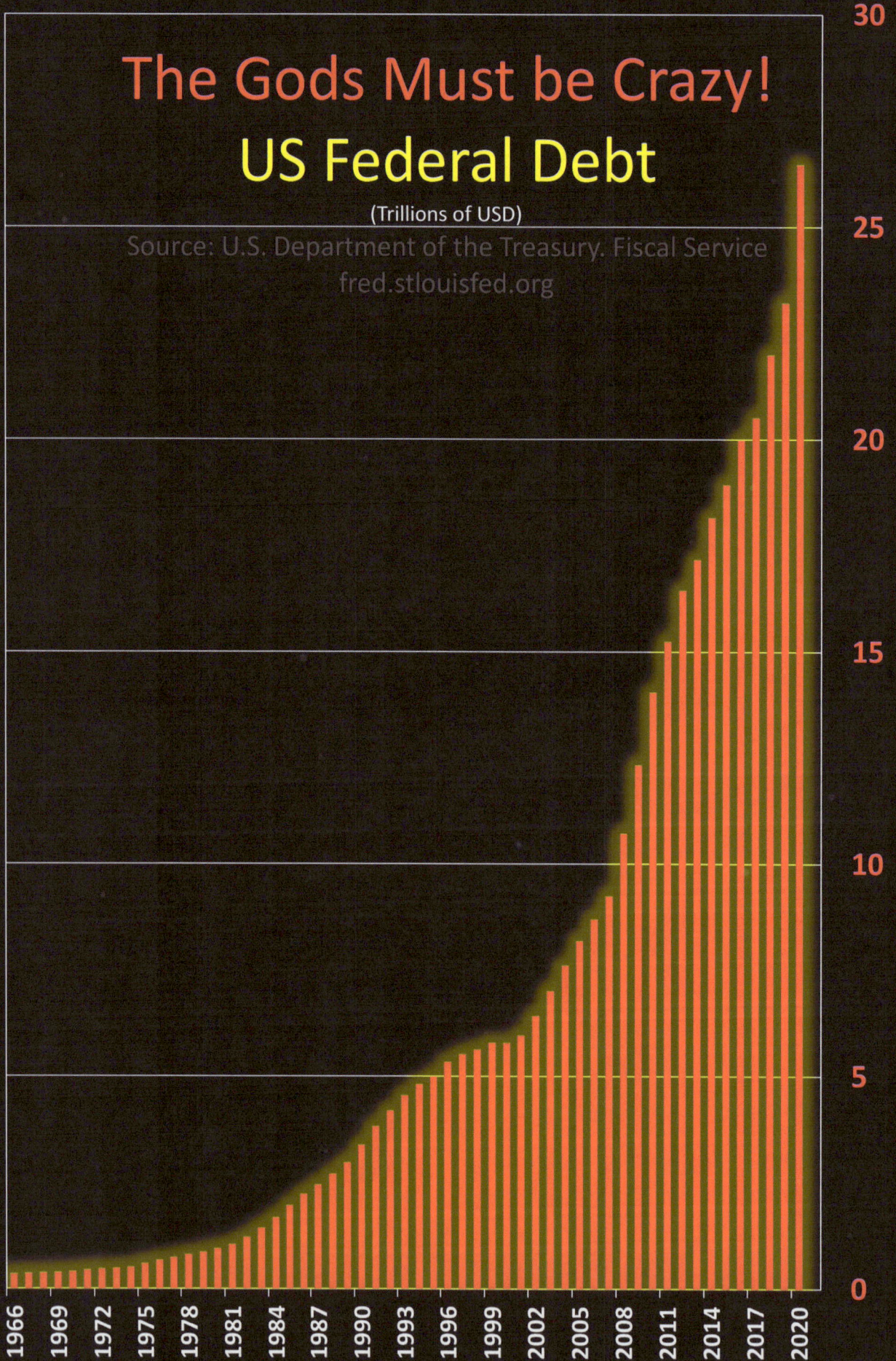

The Gods Must be Crazy!
US Federal Debt
(Trillions of USD)

Source: U.S. Department of the Treasury. Fiscal Service
fred.stlouisfed.org

El Planeta del Cuarto Reich

En resumen, el estado de muchas empresas es similar a un grupo de zombis disfuncionales de Frankenstein de la era de la Segunda Guerra Mundial dirigidos por un club de *chicos buenos* de arriba hacia abajo de la torre de marfil occidental. A medida que el mundo ha evolucionado, hoy, la mayor parte del crecimiento del mercado es donde vive el 96% de los 7.800 millones de individuos. Los expertos de la torre de marfil se equivocaron al mirar solo a la cima de la pirámide. Necesitamos rediseñar el negocio desde una perspectiva de abajo hacia arriba.

Durante la década de 1990, George Soros hizo quebrar al Banco de Inglaterra por £3.3 mil millones[42] y causó la crisis financiera asiática con solo una fracción de su riqueza[43]. Según Oxfam, solo Apple tiene más de $200 mil millones en fondos extraterritoriales, mientras que la reserva de divisas del Reino Unido es de menos de $180 mil millones. Los Estados Unidos tiene menos de $130 mil millones, mientras que China está sentada sobre un tarro de miel con más de $3000 mil millones. Como puede ver en el gráfico, el balance de la Reserva Federal de EE. UU. casi se duplicó en menos de tres meses al agregar una deuda de tres billones de dólares.

Tarde o temprano, las malas acciones se pagan. ¿Cuántos dólares deshonestos en la deuda estadounidense de $25 billones (que incluye las tenencias de China, Rusia y Arabia Saudita) se necesitan para romper la Empresa del Capitalismo Occidental?

Si no diseñamos la era digital del siglo XXII, "La Nueva Arca Empresarial Normal de Noé", muy pronto estaremos trabajando como esclavos para el *Hombre en el Alto Castillo.*[44], que recuerda al documental de Netflix *Fábrica Americana*[45]. El Coronavirus bien puede convertirse en el caballo de Troya del Cuarto Reich.

EL ESTADO ACTUAL DE LA EMPRESA

La ira puede cambiar con el tiempo en alegría; la vejación puede ser seguida por contenido. Pero un reino que una vez fue destruido nunca podrá volver a existir; ni los muertos podrán volver a la vida jamás. Por lo tanto, el gobernante ilustrado es atento y el buen general, lleno de cautela. Esta es la manera de mantener un país en paz y un ejército intacto.

Sun Tzu El Arte de la Guerra (476-221 a. C.)

En resumen, el estado actual de las empresas es una manada de parches disfuncionales d
muertos vivientes de la era de la Segunda Guerra Mundial. Son designados por una pandilla de
club de los Viejos Buenos Muchachos de arriba hacia abajo desde una torre de marfil occidenta
Desafortunadamente, el mundo ha avanzado y hoy, como se mencionó anteriormente, la mayo
parte del crecimiento del mercado es donde vive el 96% de los 7.800 millones de personas. Te
nemos un interés mínimo y poca comprensión de la situación, de la que China se está aprove
chando mediante la colonización económica y digital. Necesitamos rediseñar la empresa desde

The Gods Must Be Crazy!
Gaggle of Financial-Engineering Frogs in Debt

Nonfinancial Corporate Business; Debt Securities; Liability, Level (**Trillion \$**)
Source: Board of Governors of the Federal Reserve System(FRED, Q1 2021)

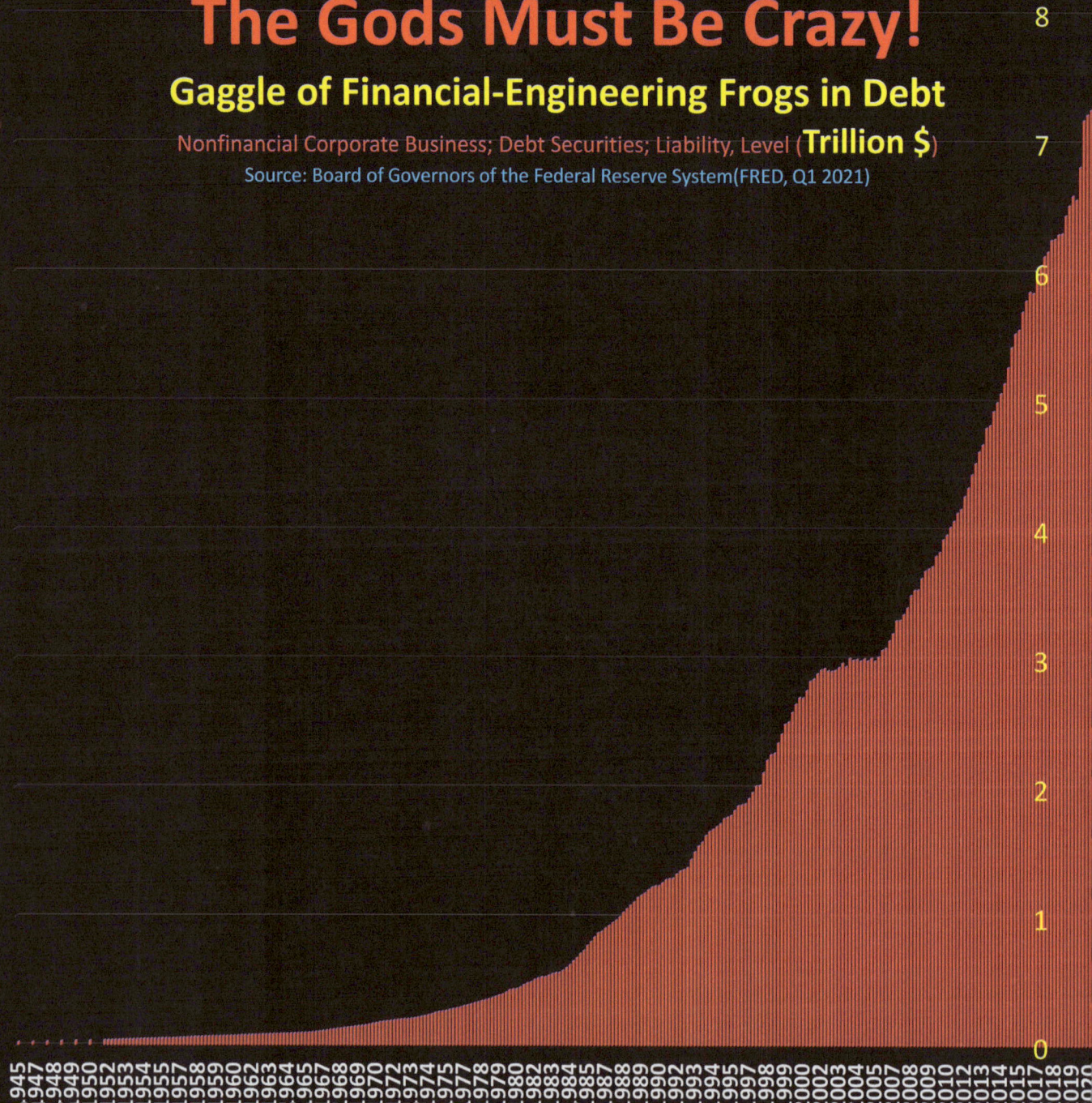

"*Alice: Would you tell me, please, which way I ought to go from here?*
CAT: THAT DEPENDS A GOOD DEAL ON WHERE YOU WANT TO GET TO.
Alice: I don't much care where.
CAT: THEN IT DOESN'T MUCH MATTER WHICH WAY YOU GO.*"
— Alice in Wonderland

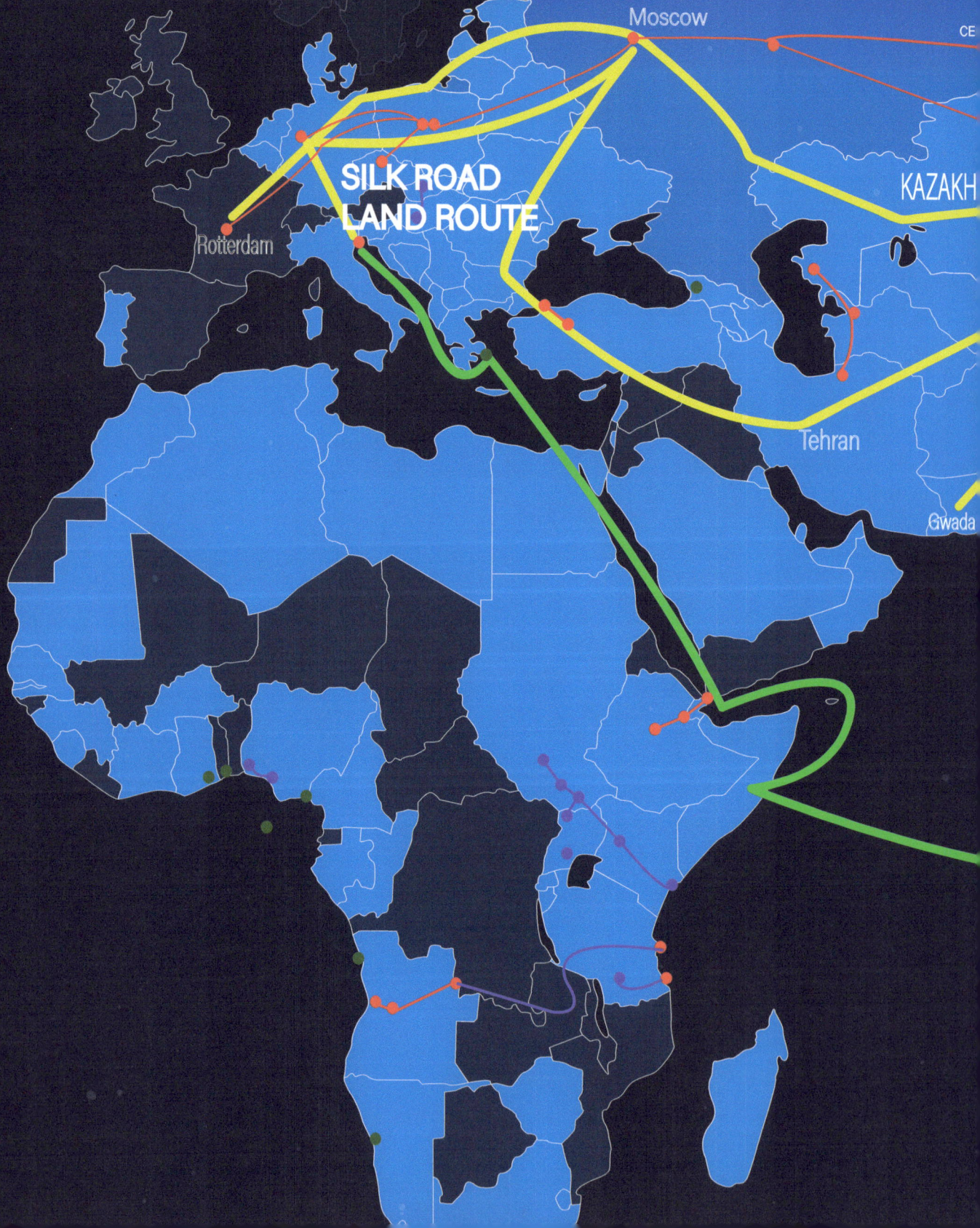

Land corridors

Maritime corridors

Railroad lines (existing)

Railroad lines (planned/under construction)

Moscow

CE

KAZAKH

SILK ROAD
LAND ROUTE

Rotterdam

Tehran

Gwada

Ports with Chinese engagement (existing)

Ports with Chinese engagement (planned/under construction)

RUSSIA

XINJIANG REGION

Mongolia

Almaty

CHINA

Xian

INDIA

Kolkata

MYANMAR

Kuala Lumpur

SILK ROAD SEA ROUTE

As of 2013, 82% of China's oil imports and 20% of its gas imports pass through the Strait of Malacca

la perspectiva de abajo hacia arriba. Los queridos líderes de los pasillos de IVY se equivocaron al mirar solo a la cima de la pirámide. Como ejemplo (basado en mi experiencia):

★ Los llamados vendedores de ACEITE DE SERPIENTE[46] construyen con más del 75% de las arquitecturas empresariales típicas de la actualidad; "ranas en el pozo" sobre cimientos de egos políticos podridos en finanzas/negocios, TI, socios de implementación, proveedores extraterritoriales, puntos porcentuales de transacciones de las BIG4...

★ Cuanto mayor sea la fortuna (tamaño de la empresa), menos deseable será la empresa

★ >75% de las implementaciones empresariales típicas están *arruinadas*

★ >75% de los sobrevivientes de empresas típicas son zombis de Frankenstein disfuncionales resultantes de fusiones y adquisiciones, fusiones inversas, inversión, TESCM, BPO (Externalización de Procesos de Negocio), transformaciones, despidos, subcontratación y otros modos de ingeniería financiera excesiva

★ >75% de la arquitectura para empresas típicas es anterior a la era de la Red Mundial, World Wide Web (WWW, Red informática mundial); en otras palabras, esta arquitectura no se corresponde con la Era Digital. La TI, la contabilidad tradicional y la mayoría de las funciones comerciales (especialmente las repetitivas) están al borde de la automatización mediante AI BOT en la nube. Los sistemas de TI//negocios evolucionarán de Transaccional–> Operacional–> Análisis predictivo AI BOT's (Automatización Robótica en la Nube).

China gasta billones de dólares en apuntalar sus cuasi empresas y ya ha superado ampliamente sus objetivos para 2025 establecidos por el PCCh en 2015. Ya han eliminado sin piedad a sus competidores occidentales en productos y servicios de mayor valor como 5G, infraestructura tecnológica, aeroespacial y semiconductores. Han logrado la independencia de los proveedores extranjeros de dichos productos y servicios.

Ahora, se abusa de la arquitectura anterior a la WWW (World Wide Web, Red informática mundial) de las empresas occidentales y está desactualizada. Ha perdido su capacidad de recuperación y no puede competir con empresas del este. Hoy, enfrentamos estos desafíos debido al sistema corrupto en Washington DC, el *Private Equity* de Gordon Gekko y los asaltantes corporativos (algunos financiados por chinos), los algoritmos de *Wall Street* impulsados por Twitter y la manipulación financiera excesiva resultante.

Nuestros líderes se desconectaron de la realidad. Habitando en sus templos prístinos del capitalismo amañado, inventan planes financieros. El mercado de valores se disparó más del 250% en los últimos diez años sin ningún crecimiento productivo, y la ingeniería financiera abusó del excelente balance. Han estado sacudiendo los cimientos mismos del capitalismo.

"En un escenario de desaceleración económica material, la mitad de grave que la crisis financiera mundial, la deuda corporativa en riesgo (deuda de empresas que no pueden cubrir sus gastos en intereses con sus ganancias) podría aumentar a 19 billones de dólares, o casi el 40 por ciento de la deuda corporativa total en las principales economías, por encima de los niveles de crisis".

—————— Informe de la Estabilidad Financiera Mundial, FMI (2019)[47] ——————

Muchas de las grandes empresas de hoy son principalmente muertos caminando, conglomeraciones de fusiones y adquisiciones, fusiones inversas, Inversión, TESCM, BPO, Transformaciones, Despidos, Externalización, y otros modos de ingeniería financiera excesiva. La mayor parte de estas empresas sellarán su propio destino a manos de los buitres chinos de la propiedad intelectual (PI), como se muestra en el siguiente cuadro:

"Tenemos que ver que las empresas chinas, en parte con el apoyo de fondos estatales, están tratando cada vez más de comprar empresas europeas que son baratas de adquirir o que tuvieron dificultades económicas debido a la crisis del Coronavirus ... China será nuestro mayor competidor en el futuro, en términos económicos, sociales y políticos ...

Veo a China como el competidor estratégico para Europa, que representa un modelo autoritario de sociedad, que quiere expandir su poder y reemplazar a Estados Unidos como potencia líder...

La Unión Europea, por lo tanto, debería reaccionar de forma coordinada y poner fin
al "tour de compras chino".

———————————————— Manfred Weber ————————————————
(Jefe de la agrupación del PPE en el Parlamento de la UE
(Noticias de la NPR 5-17-20))

The Gods Must be Crazy!
Typical Empire Rise & Fall

Excessive Financial Engineering

- Penny-Wise, Pound-Foolish Accounting
- Executive Pay on Short-Termism
- BIG4 Consultants PRICE2/PMBOK/SCRUM
- TQM/ISO
- SIX SIGMA
- Cost Cutting (Especially R&D)
- Business Process Outsourcing (BPO)
- Transfer Pricing, Reverse Mergers, etc.
- TAX Effective Supply Chain Management
- Restructuring
- "Quick wins", "Low-hanging fruit", "Delta", "Lean", etc.
- BPR Benchmarking
- Contract MFG
- Transformation
- Stock Buyback
- PE Leveraged Buyout
- Layoffs
- Chapter 11
- IP Vultures (CHINA)

Resilience Engineering

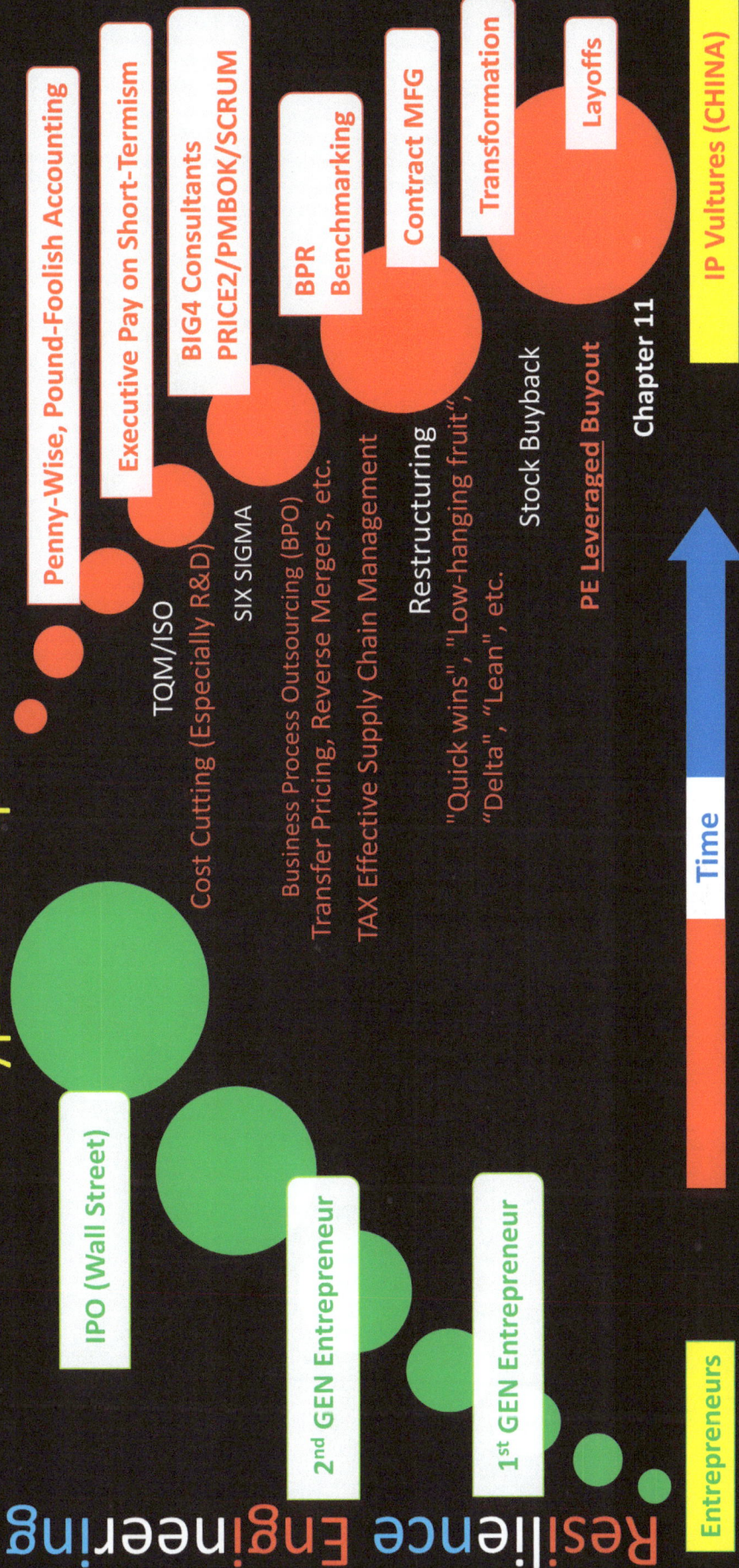

- IPO (Wall Street)
- 2nd GEN Entrepreneur
- 1st GEN Entrepreneur
- Entrepreneurs

Time

¡Ay Yi Yai Yi! Estamos en medio del Nuevo Orden Mundial

¡LOS DIOSES DEBEN ESTAR LOCOS![48]

MI VIAJE DE LA TIERRA DE LOS COMUNISTAS AL ARQUETIPO DEL CAPITALISMO

Conocer al enemigo te permite tomar la ofensiva, conocerte a ti mismo te permite estar a la defensiva". Y agrega: "El ataque es el secreto de la defensa; la defensa es la planificación de un ataque .

Sun Tzu El Arte de la Guerra (476-221 a.C.)

Déjeme que le confiese; Soy un pródigo vaquero capitalista, hijo de padres socialistas del país del mismísimo Dios, Kerala, India. Gracias a las escuelas católicas, dirigidas por los misioneros traídos por nuestros colonizadores europeos, en Kerala los comunistas han sido elegidos democráticamente durante más de medio siglo y la gente adoraba a Marx, Lenin, Stalin y el Che como nuestros súper-dioses. Aunque pertenecemos a la clase media, mis padres, ambos profesores, en ese entonces, nunca se pudieron dar el lujo de tomarse vacaciones, así que yo pasaba la mayor parte de las vacaciones escolares en la biblioteca de la universidad de papá leyendo diarios de *viajes* occidentales.

No teníamos televisión en casa, y la única vez que me llevaron al cine fue para ver la película *Gandhi*. Irónicamente, finalmente me convertí en el arquitecto mundial de EPM (Gestión del rendimiento empresarial) en el negocio de espectáculos número uno del mundo, los Teatros AMC (American Multi-Cinema), en un tiempo propiedad del hombre más rico de China. Como resultado de mi liberación, o tal vez como un acto de venganza durante las últimas dos décadas, desperdicié el dinero que mi trabajadora esposa ganaba persiguiendo pájaros y blandiendo mi cámara en los desiertos de 20 países. Gracias al programa de liderazgo ejecutivo chino GIF[49] (https://global-inst.com/learn/) en los campos de exterminio de Camboya[50], encontré solaz recorriendo las selvas de Chiang Mai-Chiang Rai, Laos y Myanmar en busca de vino de serpiente[51]. Mientras lo bebo, me pregunto, ¿cómo es que estos países ricos en recursos están tan empobrecidos? (Según la investigación de Hernando de Soto, estos países tienen más riqueza que los 12 principales mercados de valores occidentales combinados). Sin embargo, estos países están colonizados económicamente por China y están suplicando a las organizaciones benéficas occidentales que intentan lavar de verde su culpa.

En la era de la "nueva normalidad", donde el mundo está perdiendo la confianza en una impresión de moneda gubernamental no regulada en Helicóptero (flexibilización cuantitativa (QE)[52]), irónicamente, un metal amarillo inútil (oro) se está convirtiendo de nuevo en el patrón *oro* para la riqueza de las naciones y los asquerosamente ricos. Durante más de un siglo, Estados Unidos absorbió la mayor parte de la reserva de oro declarada en el mundo, unas 8.000 toneladas métricas. Detrás de ellos, los viejos guardias europeos juntos manteniendo otras 10,.000 toneladas. Lo crea o no, según el Consejo Mundial del Oro (CMO), las más pobres de las mujeres indias pobres esconden ilegalmente más de 25.000 toneladas de ese mismo metal amarillo inútil debajo de sus colchones (una economía sumergida). En busca de respuestas a *El Misterio del Capital* me convertí en el adorador del gurú Hernando de Soto y su libro *El Misterio del Capital: Por Qué El Capitalismo Triunfa En Occidente y Fracasa en Todas Partes*.

Permítame compartir algunas de mis experiencias personales sobre este misterio. Mis padres tardaron casi tres décadas en construir su casa después de ahorrar el 97% del costo de construcción. Les tomó otra década reembolsar el 3% restante a una tasa de interés usurera del 30%. Siendo un vaquero capitalista pródigo, casi no he ahorrado dinero hasta la fecha. Para ser sincero, he tenido poca fe en ese papel sin sentido que dice: *En Dios Confiamos*.

La hora del mayor triunfo del capitalismo es la hora de la crisis

Hernando de Soto

(El Misterio del Capital: Por Qué El Capitalismo Triunfa
en Occidente y Fracasa en Todas Partes)

Mientras todo el mundo desaparecía durante el tsunami económico de 2008, yo mismo me convertí en la quintaesencia de Gordon Gekko para aprovechar el capitalismo. Me las arreglé para adquirir dos propiedades icónicas en América del Norte (valoradas en más de un millón de dólares), en rápida sucesión (en dos años). Tomé un préstamo hipotecario del 97% y, en unos pocos meses, lo refinanciaron y cobré más del 1000% del pago inicial de un préstamo a 30 años con una tasa de interés de aproximadamente 3%.

En contra de la sabiduría convencional, también calculé las apuestas en los mercados internacionales y las turbias aguas de la moneda, que dieron sus frutos de manera exponencial y también visité China un par de veces (además de mi programa de liderazgo ejecutivo chino GIFT ([https:// global-inst.com/learn/](https://global-inst.com/learn/)), también fui responsable del Instituto de manejo de proyectos chino, PMI, por sus siglas en inglés, como Mentor Regional Asiático. Aproveché el explosivo mercado de Ingeniería Financiera Extrema y después del tsunami económico de 2008, me reencaminé en una carrera en EPM, Gestión del rendimiento empresarial, terminando en el mundo BIG4. Cuanto más miraba el mundo de las finanzas en Occidente, más desilusionado estaba.

Las termitas de la Ingeniería Financiera han infestado el procesador central capitalista occidental construido por Roosevelt. Ahora, se está derrumbando como un castillo de naipes. El autoritarismo comunista (ESTE) está colonizando económicamente el mundo a través de la diplomacia de la trampa de la deuda. Después de dos décadas, parece que tendré que volver por ese camino de furia de Mad Max y escalar entre los escombros capitalistas del legado de Roosevelt.

¡Ay Yi Yai Yi! Estamos en medio del Nuevo Orden Mundial

EL NUEVO ORDEN MUNDIAL

Toda guerra se basa en el engaño. Por lo tanto, cuando somos capaces de atacar, debemos parecer incapaces; cuando usamos nuestras fuerzas, debemos parecer inactivos; cuando estamos cerca, debemos hacer creer al enemigo que estamos lejos; cuando estamos lejos, debemos hacerle creer que estamos cerca.

Sun Tzu El Arte de la Guerra (476-221 a. C.)

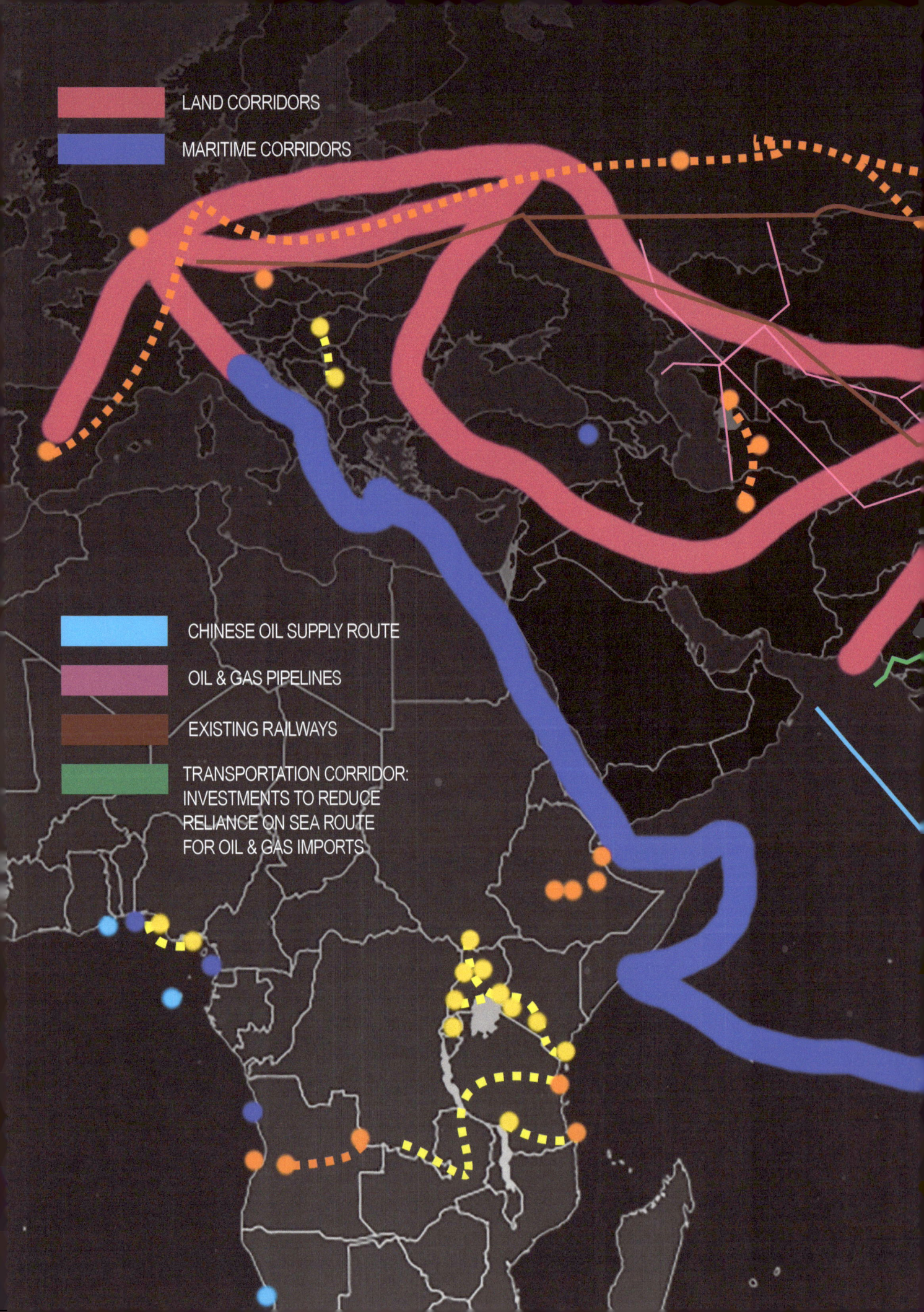

LAND CORRIDORS

MARITIME CORRIDORS

CHINESE OIL SUPPLY ROUTE

OIL & GAS PIPELINES

EXISTING RAILWAYS

TRANSPORTATION CORRIDOR:
INVESTMENTS TO REDUCE
RELIANCE ON SEA ROUTE
FOR OIL & GAS IMPORTS

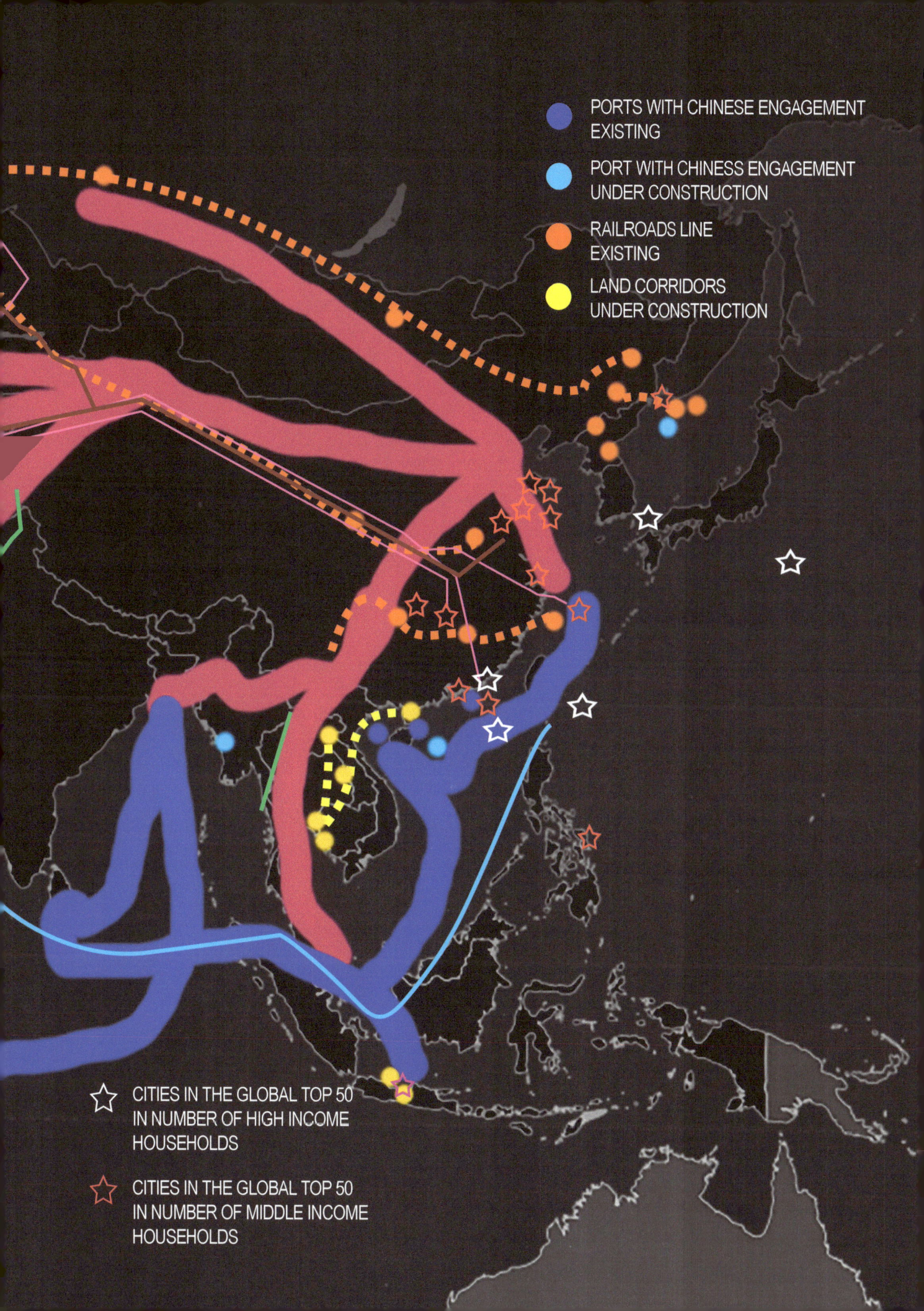

PORTS WITH CHINESE ENGAGEMENT
EXISTING

PORT WITH CHINESS ENGAGEMENT
UNDER CONSTRUCTION

RAILROADS LINE
EXISTING

LAND CORRIDORS
UNDER CONSTRUCTION

CITIES IN THE GLOBAL TOP 50
IN NUMBER OF HIGH INCOME
HOUSEHOLDS

CITIES IN THE GLOBAL TOP 50
IN NUMBER OF MIDDLE INCOME
HOUSEHOLDS

Mientras me resguardaba debido al COVID, tuve la oportunidad de analizar cómo es que me encontré en el epítome del capitalismo. Hace un siglo, gracias a los Roosevelts, nosotros, los Estados Unidos, nos convertimos en un imperio excepcional en el mundo. Desafortunadamente, parece que el queso* ahora se ha mudado de donde vine (del este).

Nota del traductor: aquí el autor hace referencia al libro *¿Quién se ha llevado mi queso?* que cuenta la historia de cuatro personajes que viven en un laberinto y buscan queso para nutrirlos y hacerlos felices.

Entiendo cómo y cuándo surgen y caen los imperios. Por ejemplo, las empresas más grandes hasta la fecha son la Compañía Holandesa de las Indias Orientales del siglo XVII (~$10 billones) y la Compañía Británica de las Indias Orientales del siglo XVIII (~$5 billones), todo a través de azotes (colonización) y robando dólares a mis antepasados. Cada una de esas empresas e imperios duraron alrededor de 200 años.

La historia que invita a la reflexión del ascenso y caída de estas empresas despertó mi curiosidad. ¿Cómo se comparan sus cuentas con las empresas en el estado actual de los imperios? Me quedó claro que al igual que lo que les pasara a mis abuelos, el próximo Emperador autoritario está llamando a nuestra puerta para colonizarnos económica, (y digitalmente) una vez más. En la era post-COVID, donde China está en un curso extremadamente acelerado, me temo que estamos condenados a caer como un cuchillo. Con la mirada puesta en la sangrienta historia, no puedo evitar preguntarme qué tipo de "Nueva Normalidad" nos espera.

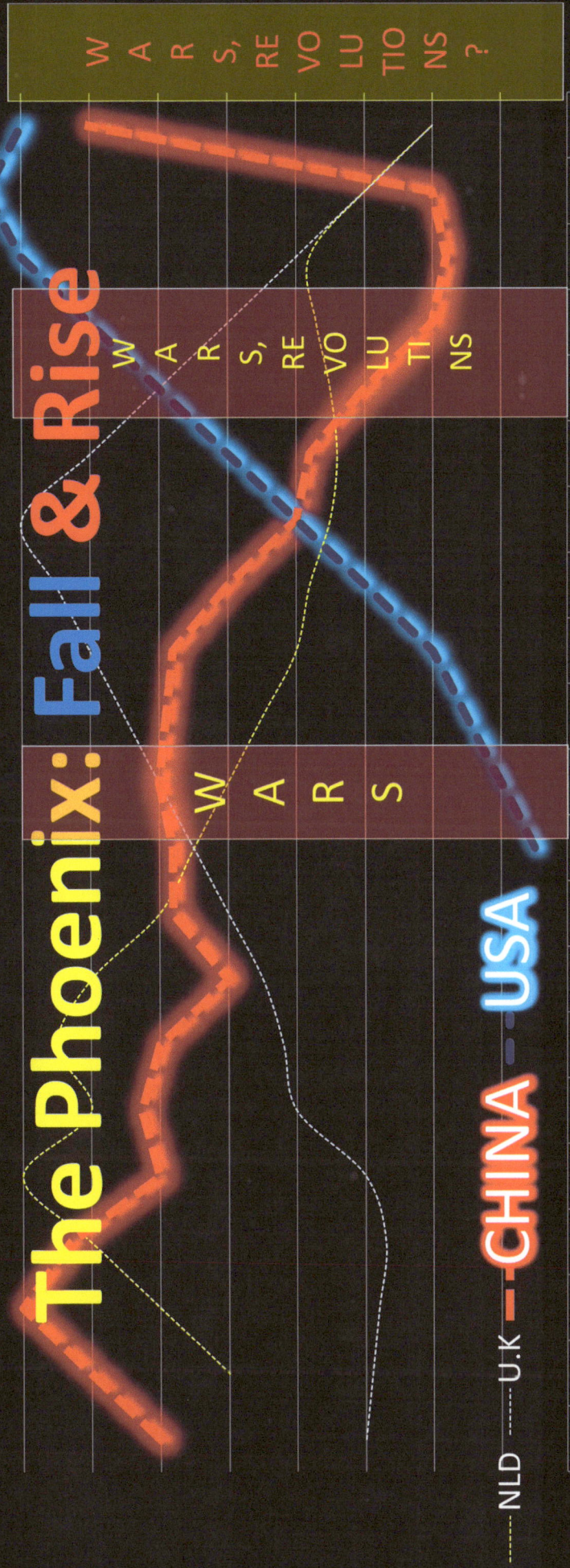

The Gods Must be Crazy!

The Phoenix: Fall & Rise

WARS, REVOLUTIONS ?

WARS, REVOLUTIONS

WARS

NLD ----- U.K -- CHINA -- USA

YEAR

1500 1525 1550 1575 1600 1625 1650 1675 1700 1725 1750 1775 1800 1825 1850 1875 1900 1925 1950 1975 2000

Adapted Source Data: The Changing World Order by Ray Dalio

www.ERM.Mavericks.com

¡Ay Yi Yai Yi! Estamos en medio del Nuevo Orden Mundial

¡Ay Yi Yai Yi! Estamos en medio del Nuevo Orden Mundial

$INDU Dow Jones Industrial Average INDX
20-Mar-2020
— $INDU (Monthly) 19173.98
Volume 10.8%,284,288

Open 25590.51 High 27102.34 Low 18917.46 Close 19173.98 Volume 10.8B Chg -6235.38 (-24.54%) ▼

© StockCharts.com

EPM
(Financial Engineering Era)

"The corporation as we know it,
which is now 120 years old,
Is not likely to Survive the next 25 years.
Legally & Financially, Yes,
But not Structurally & Economically."
-Peter Drucker

Dawn of Systems (IT)
(RIP Bretton Woods Gold Standard)

"We have gold because
We cannot TRUST governments"
-President Herbert Hoover

Origins of Enterprise
(DowJones)

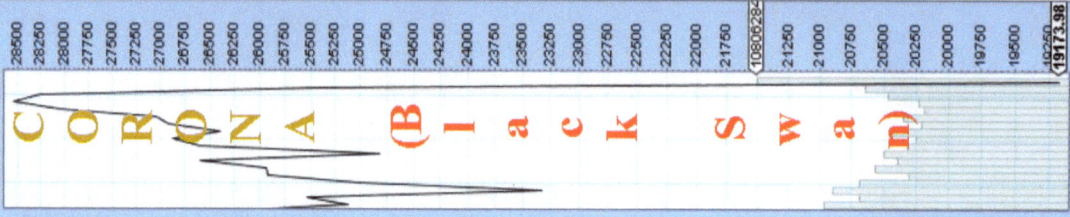

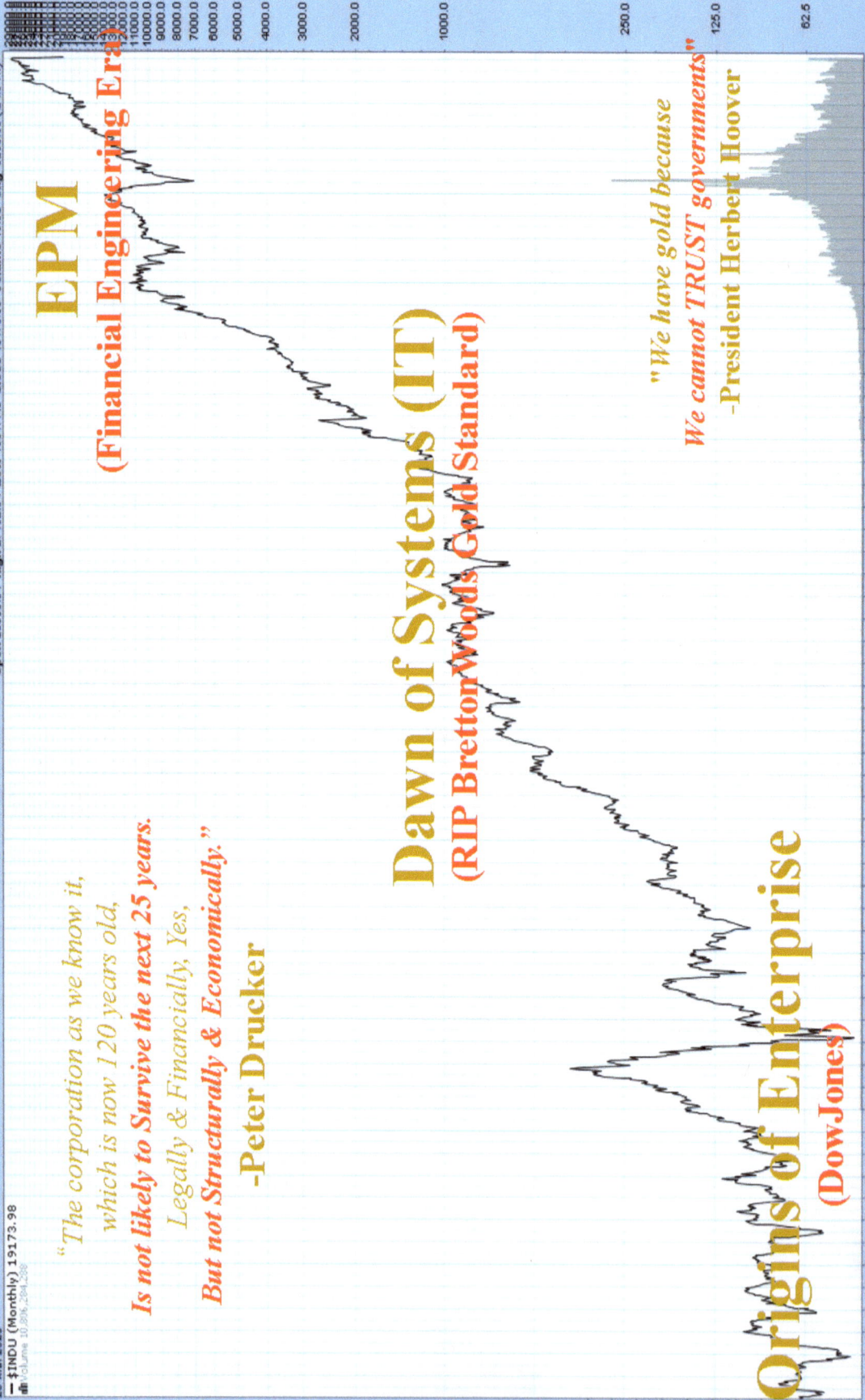

CORPONA (Blackswan)

19173.98

EL NUEVO ORDEN EMPRESARIAL

Probaré mi hipótesis usando la predicción de mi amado gurú Graduado en Administración de Empresas hace dos décadas y media:

**La corporación tal como la conocemos,
que ahora tiene 120 años,
No es probable que sobreviva los próximos 25 años.
Legal y financieramente, sí,
Pero no estructural y económicamente.**

— Peter Drucker, alrededor del 2000 —

Todo reino dividido contra sí mismo es asolado, y ninguna ciudad o casa dividida contra sí misma permanecerá
Sun Tzu El Arte de la Guerra (476-221 a. C.)

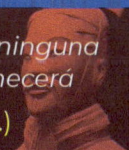

Mi hipótesis, que he desarrollado desde el último tsunami económico y que influyera en el índice Dow Jones, es la siguiente:

Principios Centrales de la Hipótesis

La supervivencia de la empresa depende estrechamente del éxito de los ecosistemas que la rodean. El ecosistema sin duda depende de su padrino patrocinador: El Imperio.

Creo que la supervivencia del padrino Imperio depende de especiales medidas de fuerza, que son:

1. Liderazgo
2. Educación STEM (Ciencia, Tecnología, Ingeniería y Matemáticas)
3. Investigación y Tecnología Estratégica
4. Arquitectura de Infraestructura
5. Arquitectura Digital
6. Gestión del Conocimiento
7. Diplomacia
8. Patrón Oro Moneda Mundial
9. Electro-Dólar
10. Capital Financiero
11. Seguridad
12. Grandes Estrategias y Regulaciones Digitales Transformadoras

Así es como ha sucedido el Ascenso y la Caída de los Imperios patrocinadores en los últimos cuatro siglos:

The Gods Must be Crazy!
Typical Empire Rise & Fall

Excessive Financial Engineering

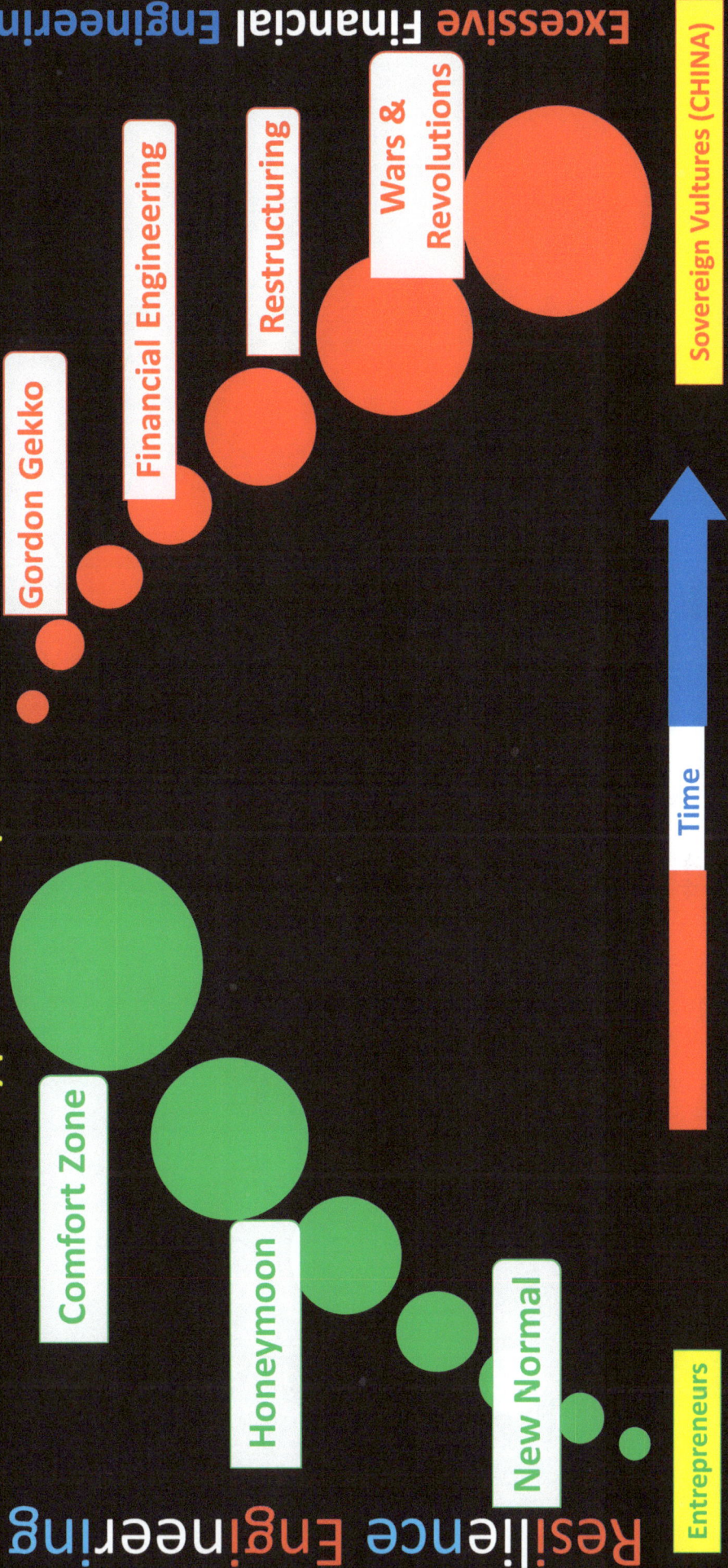

- Sovereign Vultures (CHINA)
- Wars & Revolutions
- Restructuring
- Financial Engineering
- Gordon Gekko

Time

Resilience Engineering

- Comfort Zone
- Honeymoon
- New Normal
- Entrepreneurs

www.ERM.Mavericks.com

Consideren su origen. No fueron formados
para vivir como brutos
sino seguir la virtud y el conocimiento.

Dante Alighieri

¡Ay Yi Yai Yi! Estamos en medio del Nuevo Orden Mundial

Al comienzo de un imperio, hay un período de luna de miel de armonía y prosperidad tribales. Pero cuando ese imperio cae en su zona de confort, se vuelve demasiado confiado y su estilo de vida cambia. A medida que cambia su estilo de vida, se vuelve codicioso. La codicia es la base del capitalismo, lo que lleva a un Gordon Gekko[53] (el icono de la codicia extrema en la clásica película ganadora del Oscar "Wall Street") período de capitalismo apalancado. Esta emoción del paseo en burbujas conduce a niveles cada vez más altos de testosterona. Un día, la burbuja estalla y empezamos a distorsionar la realidad (ingeniería financiera). Distorsionar la realidad nos llevará a cambios tectónicos más significativos, y luego comenzaremos a cocinar los libros a través de la flexibilización cuantitativa[54]. Finalmente, cuando llegue el tsunami económico, habrá guerras y revolución. Todos los carroñeros se unirán y decidirán sobre el nuevo orden tribal; esto nos está sucediendo actualmente.

Desafortunadamente, **es el medio tiempo, América, ¡y nuestra segunda mitad está a punto de comenzar!**[55]

Espero sinceramente que, si en el OESTE jugamos bien nuestras cartas de triunfo, t**ambién podemos sobresalir en nuestra segunda mitad.**

Consideren su origen. No fueron formados para vivir como brutos sino seguir la virtud y el conocimiento.

— Dante Alighieri —

Tenemos un dragón formidable que ha estado agitando su botella de champán durante las últimas dos décadas y está esperando con impaciencia para hacer saltar el corcho en la era post-COVID. El dragón chino está en una trayectoria ascendente y estamos cayendo rápido, lo que solo aumenta la amenaza. Creo sinceramente que al menos podemos suavizar la curva de decadencia y evitar las transformaciones catastróficas si jugamos bien nuestras cartas.

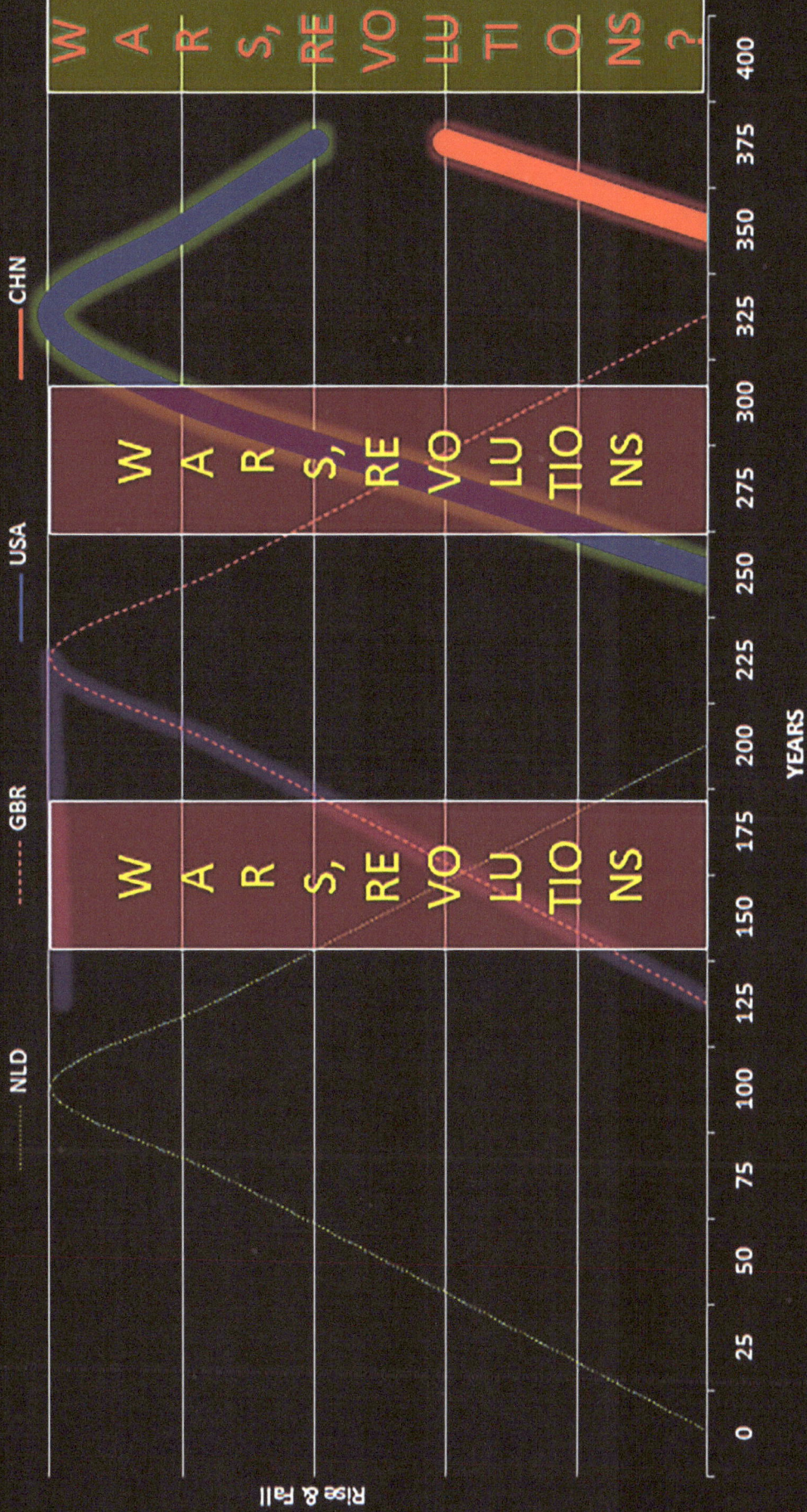

Gods Must be Crazy!
The Rise of the Dragon
Catacomb of Capitalism

NLD .... GBR ------- USA ——— CHN ———

Rise & Fall

YEARS

0 25 50 75 100 125 150 175 200 225 250 275 300 325 350 375 400

WARS, REVOLUTIONS

WARS, REVOLUTIONS

WARS, REVOLUTIONS?

Adapted Source Data: The Changing World Order by Ray Dalio

¡Ay Yi Yai Yi! Estamos en medio del Nuevo Orden Mundial

Si Vis Pacem, Para Bellum

If you want Enterprise peace,

prepare for EPM Architectural war

PIENSA DIFERENTE

"**MARTÍN: Beijing está destacando sobre la ayuda que está brindando a los países más afectados por el coronavirus. ¿Le preocupa que China haya comenzado a usar el poder blando de una manera que socavará aún más la influencia de Estados Unidos en el escenario mundial?**

GATES: Sí. Y tienen la intención de hacer más. Y lo que es peor, lo hemos hecho, como señala el libro, hemos debilitado todos los instrumentos de poder además de nuestro ejército. Y la realidad es que, si tenemos suerte y somos inteligentes, no tendremos un conflicto militar con China. Pero el conflicto tendrá lugar, la rivalidad se llevará a cabo, en todos estos otros campos, y ahí es donde no estamos preparados.
Y no tenemos estrategia".

Exsecretario de Defensa de Estados Unidos,
Robert Gates (NPR)

¡Ay Yi Yai Yi! Estamos en medio del Nuevo Orden Mundial

*Composición de Eleanor Roosevelt, Franklin D. Roosevelt y
Teddy Roosevelt (Cortesía, Biblioteca Presidencial
Franklin D. Roosevelt y Colección Theodore Roosevelt,
Biblioteca Houghton, Universidad de Harvard)*

¿QUIÉN CONSTRUYÓ EL IMPERIO CAPITALISTA DE LOS ESTADOS UNIDOS?

En este punto, nos convendría analizar los orígenes del Imperio estadounidense. Los presidentes estadounidenses ocupan el cargo más formidable del mundo y triunfan en un lugar único en el epicentro de los eventos nacionales y mundiales. Analicé a todos nuestros presidentes desde 1900 para descubrir los orígenes de nuestro imperio. ¿Quiénes fueron los emperadores de aquellos buenos tiempos y cuáles fueron sus principios rectores?

"Nunca dudes que un pequeño grupo de
ciudadanos reflexivos y comprometidos puede cambiar el mundo.
De hecho, es el único que lo ha hecho".

— Margaret Mead

Los guerreros victoriosos ganan primero y luego van a la guerra, mientras que los guerreros derrotados van primero a la guerra y luego buscan ganar.

Sun Tzu El Arte de la Guerra (476-221 a. C.)

Encontré que las respuestas ya se habían descubierto hace un siglo. El gran Imperio Capitalista Estadounidense fue diseñado por Roosevelt en la primera mitad del siglo XX. Como comandante en jefe, los presidentes son irrefutablemente los arquitectos más importantes de la historia mundial. Sin ninguna consideración, se ha desmantelado y deshecho sistemáticamente a través del Amerixit (una versión estadounidense del autoproclamado Talaq[56] (divorcio en el Islam) de la condición de superpotencia mundial, similar al Brexit del Reino Unido de la UE). Estados Unidos necesitan volver al *"Dust Bowl"*, "Los Sucios 30" del que Roosevelt una vez rescatara al capitalismo. Roosevelt ideó el marco para la paz y la prosperidad del mundo hace setenta y cinco años cuando puso fin a la Segunda Guerra Mundial. También sentó las bases para la ONU, la OMS, la UNESCO, la UNICEF, los Derechos Humanos y más. En lugar de desmantelar esas instituciones y llevarnos al Cuarto Reich, debemos esforzarnos por mejorarlas y hacerlas más sólidas.

La economía estadounidense, que construyera Roosevelt, representaba alrededor del 40% (en 1960) del PIB mundial. Ahora es menos del 15% en PPA y se hunde rápidamente. Mientras tanto, China supera el 20%[57] y sigue a toda máquina. Es hora de aprender de los arquitectos originales del capitalismo estadounidense. Debemos prepararnos para la guerra inminente para poder reconstruirla antes de que sea demasiado tarde.

Necesitamos *orar* para traer de vuelta al Viejo "Nuevo Trato" que resultara tan bueno y tener líderes genuinos como los Roosevelts (Theodore, FDR y Eleanor). Hace un siglo, ellos se enfrentaron a luchas similares durante momentos desafiantes de la historia, tales como la Primera Guerra Mundial, la gripe española, la Gran Depresión y la Segunda Guerra Mundial. Debemos buscar nuestras cartas de triunfo que se desvanecen en el cuenco de polvo original de los Roosevelts. Esas cartas fueron las *medidas de fuerza:*

(La siguiente lista muestra esas medidas que hay que tomar, adaptadas al entorno actual)

1. Liderazgo
2. Educación STEM (Ciencia, Tecnología, Ingeniería y Matemáticas)
3. Investigación y Tecnología Estratégica
4. Arquitectura de Infraestructura
5. Arquitectura Digital
6. Conocimiento Administrativo
7. Diplomacia
8. Estándar de oro Moneda Mundial
9. Electro-Dólar
10. Capital Financiero
11. Seguridad
12. Grandes Estrategias y Políticas Digitales Transformadoras

The Gods Must be Crazy!

The Rise & Fall Measures of Empires

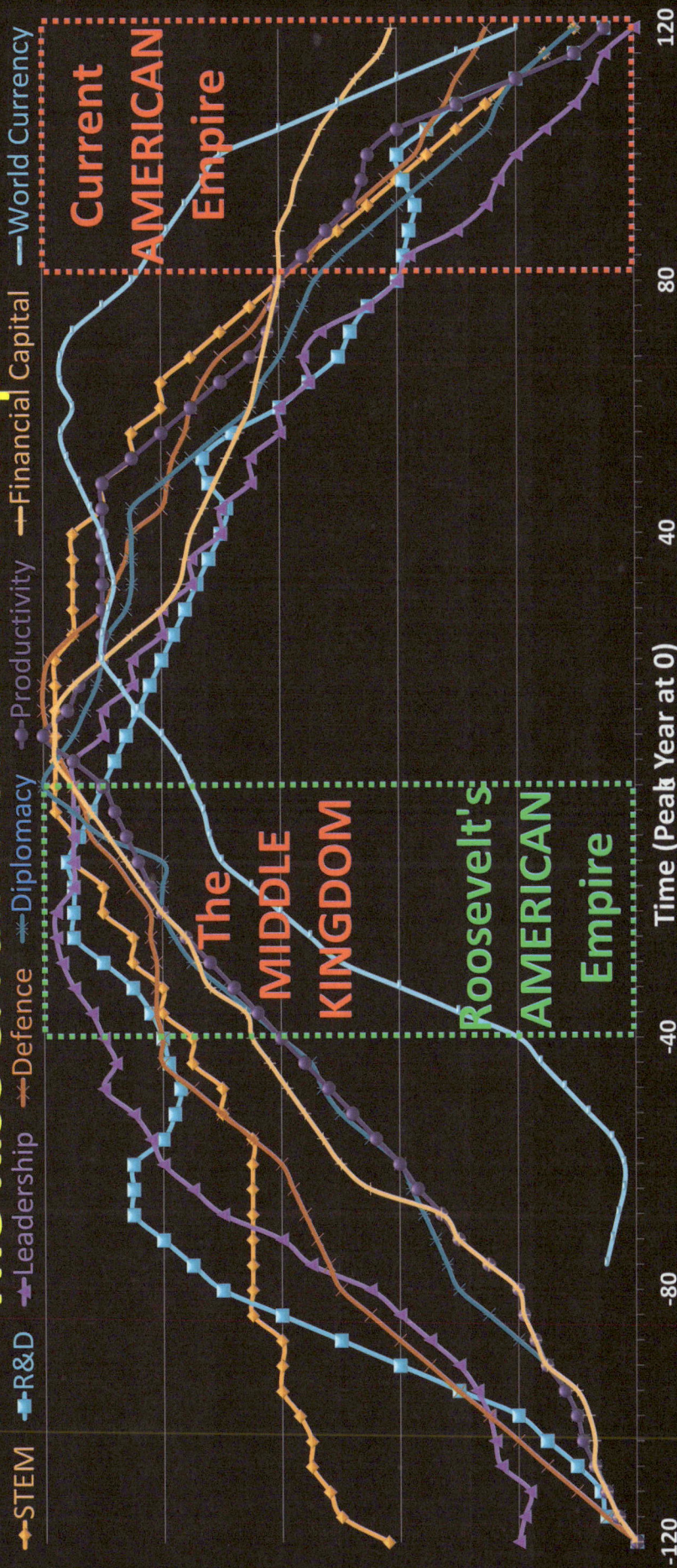

Legend: STEM, R&D, Leadership, Defence, Diplomacy, Productivity, Financial Capital, World Currency

Current AMERICAN Empire

The MIDDLE KINGDOM

Roosevelt's AMERICAN Empire

Time (Peak Year at 0)

-120   -80   -40   0   40   80   120

www.EBM.Mavericks.com

Theodore Roosevelt (presidente republicano de los Estados Unidos de 1901 a 1909):

"Actúa, haz cosas", esta era su actitud hacia todos los esfuerzos, políticos y de cualquier otro tipo.

Theodore Roosevelt fue la persona más joven en convertirse en presidente de los Estados Unidos. Fue un pionero del movimiento progresista. Theodore luchó por sus políticas nacionales de un "Trato Justo", asegurando la igualdad promedio de los ciudadanos, rompiendo los malos monopolios, creando ferrocarriles y estableciendo la Agencia para la pureza de alimentos y medicamentos. Hizo de la conservación natural una prioridad máxima y estableció muchos nuevos parques nacionales, bosques y monumentos para preservar los recursos naturales de la nación.

Por el lado de la política exterior, Roosevelt se enfocó en Centroamérica, donde inició la construcción del Canal de Panamá. Expandió la Marina de los Estados Unidos y envió a su Gran Flota Blanca, una nueva Fuerza Naval, en una gira mundial para impulsar el poder marítimo de los Estados Unidos. Los exitosos esfuerzos de TR para negociar el fin de la Guerra Rusojaponesa le valieron el *Premio Nobel de la Paz* de 1906.

Franklin D. Roosevelt (presidente demócrata de los Estados Unidos durante cuatro períodos desde 1933 hasta su muerte en 1945):

Incluso con la Ley de Producción de Defensa[58], todavía tenemos problemas para hacer algo tan esencial y necesario como las mascarillas en la era actual del Coronavirus. FDR gestionó el primer año de súper producción de la nación. El programa tremendamente productivo resultó en 45.000 aviones, 45.000 tanques, 20.000 cañones antiaéreos y 8 millones de toneladas en nuevos buques.

A pesar de su polio paralizante, que lo afectara a los 39 años, se convirtió en presidente a los 50. Fue nuestro inquebrantable Comandante en Jefe que dirigió a este país a través de dos grandes catástrofes (la Gran Depresión y la Segunda Guerra Mundial). FDR sirvió como comandante en jefe por más tiempo que cualquier otro presidente. Su legado todavía da forma a nuestra comprensión del papel del gobierno y la presidencia.

Las políticas de Franklin D. Roosevelt y su involucramiento personal en ellas establecieron el estándar de oro para la presidencia moderna. Engendrando respeto y desprecio, FDR ejerció un liderazgo valiente durante el período más tumultuoso en la historia de la nación desde la Guerra Civil. FDR fue elegido para un récord de *cuatro* elecciones presidenciales y se convirtió en una figura fundamental en los acontecimientos mundiales durante la primera mitad del siglo XX.

Roosevelt dirigió al gobierno federal a través de las tribulaciones de la Gran Depresión, ejecutando su programa nacional El Nuevo Trato (The New Deal) en respuesta a la peor crisis económica en la historia de los Estados Unidos. La "red de seguridad" gubernamental que creó sería su mayor legado y una fuente de controversia constante. Los eruditos lo consideran uno de los presidentes más importantes de la nación después de George Washington y Abraham Lincoln.

Eleanor Roosevelt

Fue conocida como la "Primera Dama del Mundo". Durante más de treinta años, Eleanor Roosevelt fue la mujer más poderosa de Estados Unidos. Millones de personas la adoraban, pero su archivo en el FBI era más voluminoso que una pila de guías telefónicas. Abogaba sin miedo por los derechos civiles, y el KKK puso precio a su cabeza.

www.E.P.M.Mavericks.com

Satirizada como una desagradable entrometida por los medios, Eleanor ayudó a Franklin D. Roosevelt a llegar al poder y fue uno de sus activos políticos más valiosos. Ella perseveró, indiferente a la embestida de la burla, luchando incansablemente por la justicia social para todos y asumiendo un papel de liderazgo en la histórica Declaración de Derechos Humanos de las Naciones Unidas.

FDR ingresó a la Casa Blanca en medio de la Gran Depresión, que comenzara en 1929 y que duraría aproximadamente una década. Para combatir la recesión económica, el presidente y el Congreso muy pronto implementaron una serie de iniciativas de recuperación conocidas como El Nuevo Trato. Como primera dama, Eleanor viajó por los Estados Unidos, actuando como los ojos de su esposo e informándole de todo. Más tarde, el presidente Harry S. Truman la llamó la "Primera Dama del Mundo" en homenaje a sus logros en materia de derechos humanos.

> *El líder hábil somete a las tropas enemigas sin luchar; toma sus ciudades sin asediarlas; derroca su reino sin largas operaciones en el campo".*
>
> Sun Tzu El Arte de la Guerra (476-221 a. C.)

Debemos revisar nuestra doctrina capitalista fundacional de los días de Roosevelt:

"*En el momento actual de la historia mundial, casi todas las naciones deben elegir entre formas de vida alternativas. Con demasiada frecuencia, la elección no es gratuita. Una forma de vida se basa en la voluntad de la mayoría y se distingue por instituciones libres, gobierno representativo, elecciones libres, garantías de libertad individual, libertad de expresión y religión, y libertad frente a la opresión política. La segunda forma de vida se basa en la voluntad de una minoría impuesta por la fuerza a la mayoría. Se basa en el terror y la opresión, una prensa y radio controladas, elecciones fijas y la supresión de las libertades personales. Creo que debe ser la política de los Estados Unidos apoyar a los pueblos libres que se resisten a los intentos de subyugación por parte de minorías armadas o presiones externas.*

Las semillas de los regímenes totalitarios se nutren de la miseria y la necesidad. Se esparcen y crecen en el suelo perverso de la pobreza y la lucha. Alcanzan su pleno crecimiento cuando la esperanza de un pueblo por una vida mejor se ha muerto. Debemos mantener viva esa esperanza. Los pueblos libres del mundo esperan que los ayudemos a mantener sus libertades. Si flaqueamos en nuestro liderazgo, podemos poner en peligro la paz del mundo y seguramente pondremos en peligro el bienestar de nuestra propia Nación. "

(Modificado de la Fuente Original:
Retratos de Leon Perskie, 1944,
Biblioteca y Museo Presidencial FDR)

THE UNIVERSAL DECLARATION OF Human Rights

(Modificado de la Fuente: original: Biblioteca y Museo Presidencial FDR)

(Crédito de la imagen: Ejército de EE. UU. De modo que, PD-Gobierno-Militar-Ejército de EE. UU.) Cumbre de Yalta en 1945 con Churchill, Roosevelt y Stalin

UNA PROPUESTA PARA RECUPERAR LA CASA DE LOS ROOSEVELT

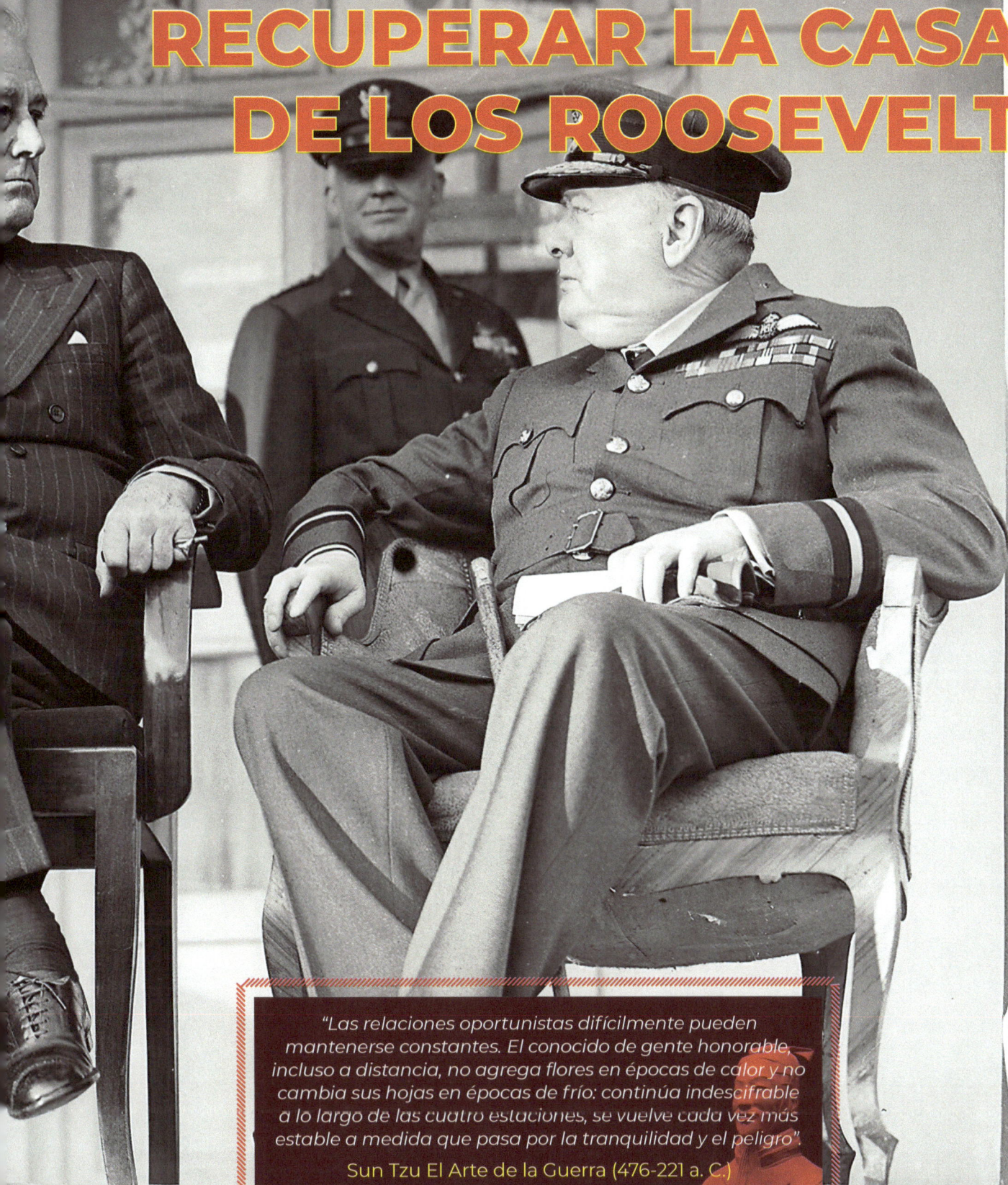

"Las relaciones oportunistas difícilmente pueden mantenerse constantes. El conocido de gente honorable, incluso a distancia, no agrega flores en épocas de calor y no cambia sus hojas en épocas de frío: continúa indescifrable a lo largo de las cuatro estaciones, se vuelve cada vez más estable a medida que pasa por la tranquilidad y el peligro".

Sun Tzu El Arte de la Guerra (476-221 a. C.)

Mi propuesta se centra en las estrategias que destacamos anteriormente para reactivar las empresas occidentales, que son:

1. Liderazgo
2. Educación en Ciencia, Tecnología, Ingeniería y Matemáticas (STEM)
3. Investigación y Tecnología Estratégica
4. Arquitectura de Infraestructura
5. Arquitectura Digital
6. Conocimiento Administrativo
7. Diplomacia
8. Estándar oro moneda mundial
9. Electro-Dólar
10. Capital Financiero
11. Seguridad
12. Estrategias Digitales y Hoja de Ruta Transformadora

El esquema de abajo representa una comparación a vista de pájaro entre la era capitalista de Roosevelt y la de América actual, en contraste con el progreso de China. Los detalles se explicarán en cada sección (déjeme saber su perspectiva para que yo pueda consolidar y actualizar estos gráficos).

Con el apoyo del gobierno, las empresas chinas están colonizando efectivamente el mundo al influir financieramente en más de 150 países con al menos 10 billones de dólares en diplomacia de la trampa de la deuda, en una red de rutas y vías férreas, la ruta de la seda de próxima generación y otros proyectos de infraestructura de alta tecnología.

Nuestro sistema capitalista actual del siglo XIX está bajo el liderazgo de comités de acción política corruptos y cabilderos en el pantano (Washington DC), el *Private Equity* de Gordon Gekko y asaltantes corporativos, muchos de los cuales están financiados por chinos. El proceso de toma de decisiones algorítmicas de WallStreet impulsado por Twitter es una vergüenza. Nuestros expertos empresariales pronto se desconectan de las realidades del 96% de la humanidad. Viven en una torre de marfil y solo se concentran en una ingeniería financiera excesiva. En la última década, no se ha producido casi ningún crecimiento de la productividad o de las ventas. A pesar de esto, el *Dow Jones* ha subido más del 250% en los últimos diez años, principalmente a través de la ingeniería financiera. Los esquemas de enriquecimiento rápido han derrochado el importante balance general, y ahora tiemblan los cimientos del capitalismo.

Debemos reformar nuestras empresas para marchar hacia el siglo XXII aprendiendo lo mejor de los alemanes y del Este (Singapur, China, Japón, Corea del Sur, etc.). La supervivencia de Enterprise está entrelazada con el ascenso y la caída de sus imperios padrinos patrocinadores, como hemos presenciado durante los últimos cinco siglos. Los ingenieros resilientes del partido comunista chino gastan estratégicamente billones de dólares para eliminar sin piedad a muchos de sus pródigos maestros de la ingeniería financiera capitalista occidental, especialmente a los inventos de la generación del siglo XXII. Las empresas cuasi gubernamentales se han liberado de su legado occidental, los Gordon Gekko, amos, licencias y socios extranjeros para obtener mejores productos y servicios.

En resumen, necesitamos redoblar nuestras inversiones empresariales en las siguientes áreas para liberarnos de los nuevos amos autoritarios comunistas:

The Gods Must be Crazy!
US vs China Competitiveness Dashboard
(Representative Example scores)

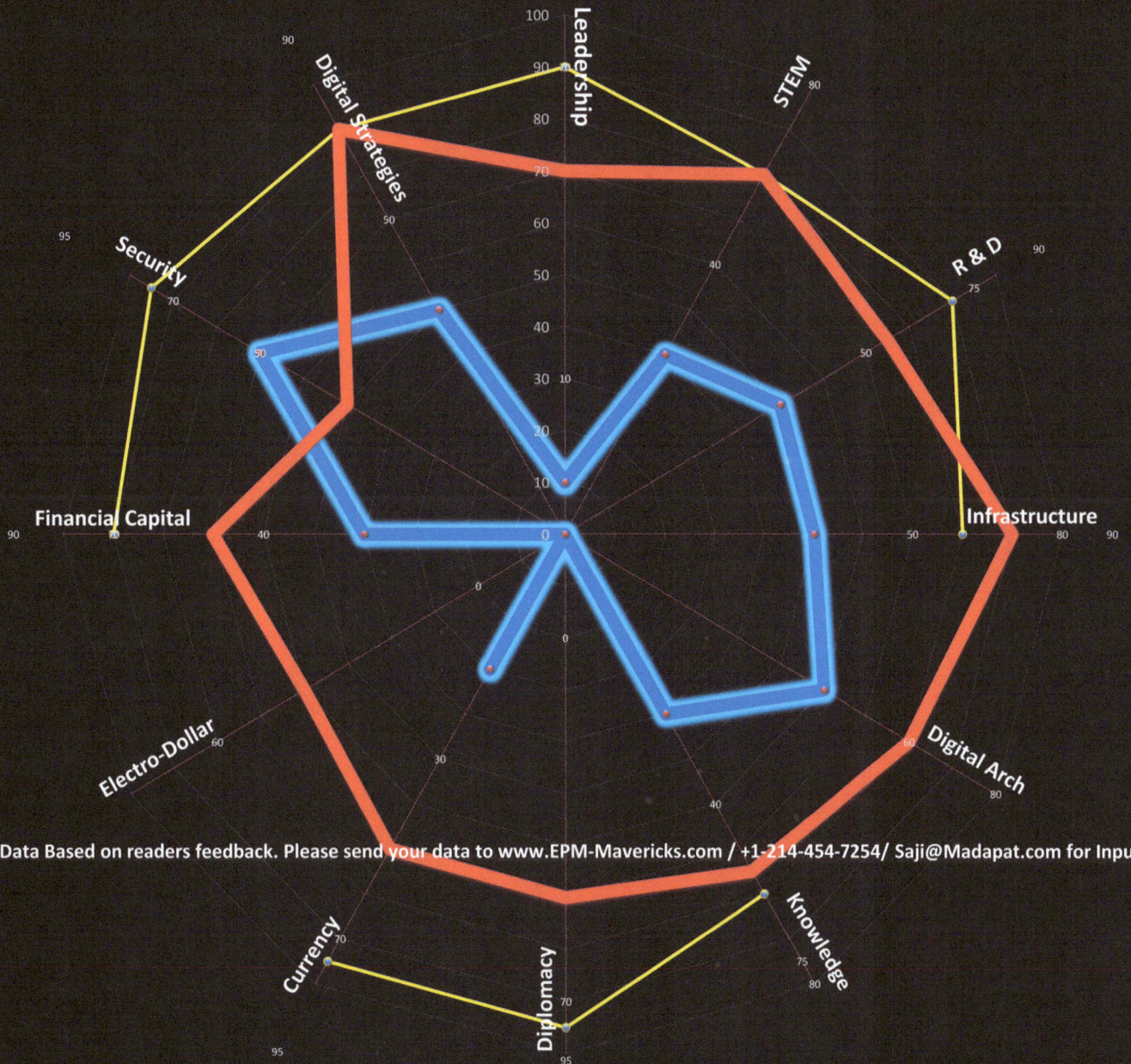

--Roosevelt's USA — Current USA — CHINA

Data Based on readers feedback. Please send your data to www.EPM-Mavericks.com / +1-214-454-7254/ Saji@Madapat.com for Input

¡Ay Yi Yai Yi! Estamos en medio del Nuevo Orden Mundial

1. Liderazgo

> *"El líder hábil somete a las tropas enemigas sin luchar; sus ciudades sin asediarlas; derroca su reino sin largas operaciones en el campo."*
>
> Sun Tzu El Arte de la Guerra (476-221 a. C.)

La Escuela Kennedy de Harvard dice: "Mientras el PCCh se prepara para celebrar el centenario de su fundación, el Partido parece estar tan fuerte como siempre. Una resiliencia más profunda se basa en el apoyo popular a la política del régimen". Este artículo de investigación sobre el Partido Comunista Chino (PCCh) es una serie publicada por el Centro Ash para la Gobernanza Democrática e Innovación de la Escuela de Gobierno John F. Kennedy de la Universidad de Harvard.

"Hay poca evidencia para apoyar la idea de que el PCCh está perdiendo legitimidad a los ojos de su pueblo. De hecho, nuestra encuesta muestra que, en una amplia variedad de métricas, en 2016 el gobierno chino era más popular que en cualquier otro momento durante las dos décadas anteriores. En promedio, los ciudadanos chinos informaron que la provisión de atención médica, bienestar y otros servicios públicos esenciales por parte del gobierno era mucho mejor y más equitativa que cuando comenzó la encuesta en 2003".

....

Como tal, no hubo señales reales de un descontento creciente entre los principales grupos demográficos de China, lo que puso en duda la idea de que el país enfrentaba una crisis de legitimidad política."

──────── Universidad de Harvard (julio de 2020) ────────

Mientras tanto, en EE. UU:

"En la actualidad solo el 17% de los estadounidenses dicen que pueden confiar en que el gobierno de Washington hará lo correcto, "casi siempre" el (3%)"

──────── Centro de Investigación Pew ────────
(Confianza Pública en el Gobierno: 1958-2019)

Meanwhile, in the US:

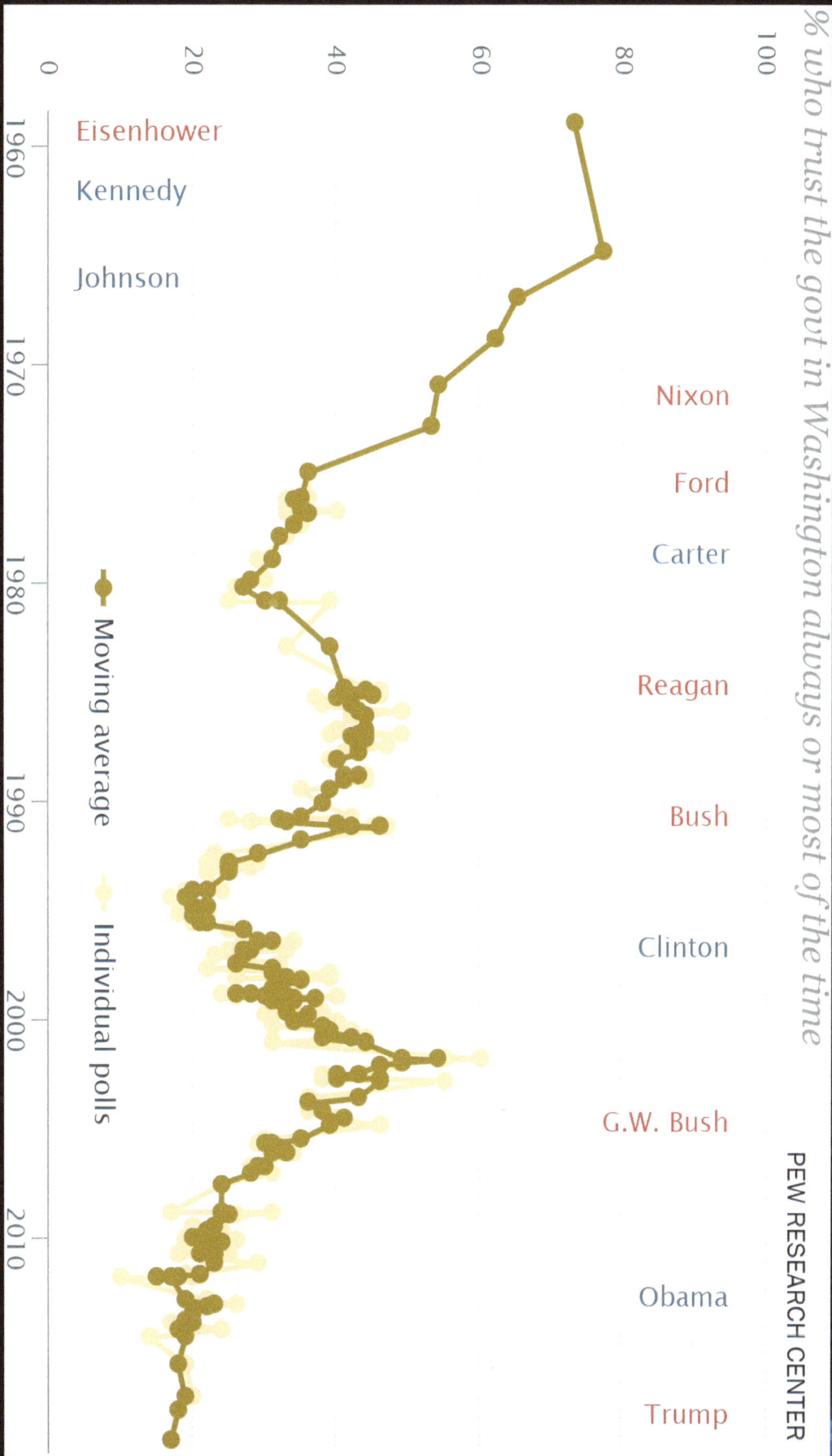

% who trust the gov't in Washington always or most of the time

PEW RESEARCH CENTER

Eisenhower	
Kennedy	
Johnson	
	Nixon
	Ford
	Carter
	Reagan
	Bush
	Clinton
	G.W. Bush
	Obama
	Trump

Moving average

Individual polls

(Crédito de la fuente: este trabajo fue creado por el gobierno del Reino Unido)
Winston Churchill saluda a Josef Stalin con el presidente Roosevelt, en el
exterior del Palacio Livadia durante la Conferencia de Yalta, febrero de 1945.

Dado que la historia tiende a repetirse con una venganza, debemos tener un liderazgo resistente, como el de los Roosevelts, para administrar tanto nuestro imperio como nuestra empresa. Ya es hora de que surjan líderes como FDR. Líderes que pueden transformar la pandemia del COVID-19 en un llamado a la valentía, la tenacidad y la esperanza. FDR fue el líder más excepcional de Estados Unidos. Nos llevó a la vanguardia del escenario histórico mundial al sentar las bases para el capitalismo y la empresa moderna. Necesitamos orar por líderes visionarios, como los Roosevelts, que allanarán el camino de la redención hacia el futuro para llevarnos de regreso a la ciudad resplandeciente sobre la colina.

A medida que atravesamos la crisis climática existencial, necesitamos tener profetas como Theodore Roosevelt (TR), quien reconoció lo importante que era preservar estos activos que tenemos la bendición de tener. TR creó 150 bosques nacionales, cinco parques nacionales, 51 reservas federales de aves, cuatro reservas nacionales de caza y 18 monumentos nacionales en más de 230 millones de acres de tierras públicas.

A medida que avanzamos en la era de *Black Lives Matter* (Las vidas de los negros son importantes), aprendamos de la "Primera Dama del Mundo" (Eleanor Roosevelt), quien redefinió la nación basada en nuestros esfuerzos humanitarios y la lucha por la justicia social.

Más tarde Franklin D. Roosevelt quedó discapacitado por la polio, que lo paralizó de la cintura para abajo, pero resistió la enfermedad con audacia, persistencia y optimismo. Como Comandante en Jefe, dirigió a nuestra nación a través de la Gran Depresión y dirigió al país a través de la crisis bancaria. Al igual como sucediera durante la Gran Depresión, ahora nos enfrentamos a una recuperación económica que depende de millones de decisiones complejas por parte de millones de jugadores, la mayoría de los cuales son personas con intereses propios. Cuando la gente perdió la fe en la clase dirigente y sus sistemas, FDR resolvió la crisis financiera volviendo a infundir confianza en el sistema.

Nuestros líderes deben aprender de estos diplomáticos de buena fe, que construyeron puentes de relación con todas las partes interesadas en el momento más crítico de la historia. Gracias a la perseverancia y el liderazgo de FDR, recibió un apoyo y una cooperación incomparables del Congreso durante la Gran Depresión y la Segunda Guerra Mundial. Trabajó con Winston Churchill y otros líderes mundiales para sentar las bases de las Naciones Unidas y muchos otros foros mundiales, generando más de setenta y cinco años de paz y prosperidad. Incluso se asoció con el comunista Josef Stalin para conquistar el eje del mal en la Segunda Guerra Mundial. Dominó el arte del compromiso y la diplomacia, que ahora nos falta tanto en Washington y en el mundo geopolítico. Conectó a los hombres y mujeres comunes de la nación y el mundo a través de sus charlas informales.

Cuando las pruebas y tribulaciones fundamentales amenazan nuestro imperio y las costas arenosas de nuestras arquitecturas empresariales, necesitamos líderes como los Roosevelts, que puedan reconstruir y guiarnos a la ciudad resplandeciente sobre la colina:

1. Inspirándonos con una visión, una estrategia y una hoja de ruta para nuestro futuro
2. Guiándonos con esperanza y confianza, sin importar cuán incierto sea el futuro
3. Tomando acciones audaces con determinación y resolución
4. Colaborando con todas las partes interesadas e incluso negociando con nuestros enemigos potenciales para desarrollar un plan de acción
5. Ejecutando decisiones que beneficien al bien común, aunque no sean políticamente correctas

Ya es hora de que analicemos el Reino Medio para evaluar cuán bien están jugando sus cartas de triunfo. Nuestro tiempo se está agotando. Para nuestro Imperio y Empresa, necesitamos tener líderes nobles e inteligentes, como los Roosevelt, que tengan confianza en sí mismos, determinación, integridad y diplomacia, sin los cuales inevitablemente flaquearemos.

2. Educación STEM (Ciencia, Tecnología, Ingeniería y Matemáticas)

> *"El conocimiento profundo es estar consciente de la perturbación antes de la perturbación, estar consciente del peligro antes del peligro, estar consciente de la destrucción antes de la destrucción, estar consciente de la calamidad antes de la calamidad. La acción fuerte es entrenar el cuerpo sin ser agobiado por el cuerpo, ejercitar la mente sin ser utilizada por la mente, trabajar en el mundo sin ser afectado por el mundo, realizar tareas sin ser obstaculizado por las tareas."*
>
> Sun Tzu El Arte de la Guerra (476-221 a. C.)

La calidad de la educación ha formado la columna vertebral de los imperios a lo largo de la historia. Una educación sólida es la columna vertebral del crecimiento. Con base en los resultados de las pruebas PISA 2015, los Estados Unidos ya se sitúa en el 15 percentil más bajo del mundo desarrollado.

Desafortunadamente, la educación pública y el financiamiento escolar son los peores frutos de los recortes presupuestarios, especialmente en la era posterior al COVID. La educación STEM es la más cara de todas y la presa más natural para la reducción del presupuesto. Además, la situación económica actual ha llevado a altas tasas de desempleo, lo que conduce a la inestabilidad en el hogar, lo que en última instancia resulta en malos resultados académicos, falta de oportunidades y bajos ingresos. Estos factores desarrollan un círculo vicioso que conduce a las inestabilidades socioeconómicas y geopolíticas en todo el mundo.

En el entorno político actual, la educación se ha convertido en la última prioridad. Además de los cambios de política, debemos investigar soluciones creativas, tales como asociaciones entre la filantropía, el gobierno y las empresas, para abordar este tipo de desafíos. Debemos establecer asociaciones público-privadas similares a la EFTP (educación y formación técnica y profesional) alemana.

Al igual que en Singapur, Alemania, China, Japón, Corea del Sur y la India, el gobierno debe asumir un papel de liderazgo activo en la educación pública, y debe recompensar y reconocer a los maestros en función de su desempeño. Tal y como está, anualmente Estados Unidos certifica una cantidad significativamente menor de ingenieros de pregrado que China o incluso la India.

Según el informe de 2018 de la OCDE (Organización para la Cooperación y el Desarrollo Económicos), EE. UU. gasta más en la universidad que casi cualquier otro país. "Los gastos por alumno son exorbitantes y prácticamente no tienen relación con el valor que los alumnos podrían obtener a cambio."[59]

The Gods Must be Crazy!
The Future (Degrees) of Science & Enginering

—China —United States —EU top 6

Source: Educational statistics of OECD, NBS (China)

★ ★

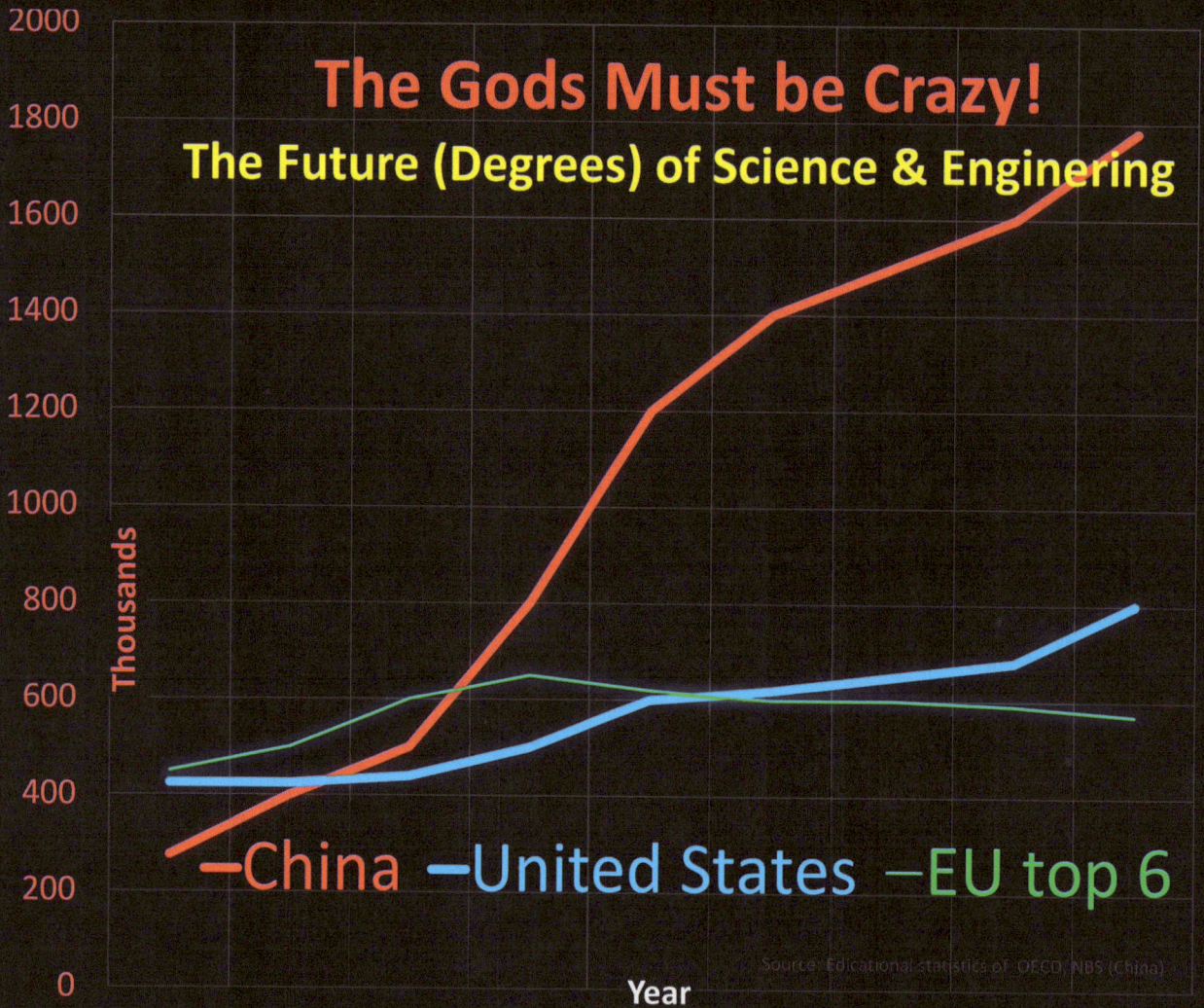

La culpa es de la decadencia: lujosos apartamentos para estudiantes, comidas caras y "la manía por los deportes atléticos". Necesitamos transformar el sistema educativo y comenzar asociaciones con filántropos como lo hicieron Bill Gates y Bloomberg para capacitar y preparar a la fuerza laboral para el siglo XXII. Como ejemplo, en TI:

★ Los sistemas de TI/empresariales deben evolucionar de Transaccional–> Operacional–>Analítica Predictiva, IA BOT's (Automatización robótica de las comunicaciones)

★ Además de la TI, la contabilidad tradicional y la mayoría de las funciones comerciales (especialmente las repetitivas) están al borde de la automatización mediante la IA BOT en la nube

Nuestra fuerza laboral debe estar preparada para la IA, ya que la automatización robótica y la IA serán males necesarios para la productividad y el crecimiento económico. Millones de personas en todo el mundo tendrán que cambiar de ocupación o mejorar su formación. Mckinsey estima que *entre 400 millones y 800 millones de personas podrían verse desplazadas por la automatización y necesitar encontrar nuevos trabajos para el 2030. Del total de desplazados, de 75 a 375 millones pueden necesitar cambiar de categoría ocupacional y adquirir nuevas habilidades.*

3. Investigación y Tecnología Estratégica

> *"Si conoces al enemigo y te conoces a ti mismo, no debes temer el resultado de cien batallas. Si te conoces a ti mismo, pero no al enemigo, por cada victoria obtenida también sufrirás una derrota. Si no conoces al enemigo ni a ti mismo, sucumbirás en cada batalla".*
>
> Sun Tzu El Arte de la Guerra (476-221 a. C.)

¿La empresa más valiosa de Estados Unidos ha perdido su poder? Además de las recompras de acciones y la explotación al máximo de los antiguos *iPhones*, tecnológicamente generaciones detrás de los competidores del este, ¿qué innovaciones ha traído Apple en la última década? Apple parece haber muerto con Steve Jobs.

Nuestros unicornios en Silicon Valley se están aventurando, especialmente hacia el este. Parece que Silicon Valley también ha perdido el rumbo.

> ## "El capital de riesgo y la economía de nuevas empresas tecnológicas están creando un peligroso "esquema Ponzi de alto riesgo" y un "extraño globo Ponzi".
>
> — Chamath Palihapitiya —
> (Inversor multimillonario y exvicepresidente de crecimiento de usuarios de Facebook)

Los chinos no solo están a la vanguardia de la frontera tecnológica en áreas comunes como la electrónica, maquinaria, automóviles, ferrocarriles de alta velocidad y aviación. Sin embargo, también están impulsando innovaciones tecnológicas en áreas emergentes como 5G, energía renovable, energía nuclear avanzada, tecnologías de telecomunicaciones de próxima generación, datos masivos y supercomputadoras, inteligencia artificial, robótica, tecnología espacial y comercio electrónico.

En 2018, los chinos presentaron casi el 50% de las solicitudes de patentes en todo el mundo, con un récord de 1.54 millones en alta tecnología. Compare ese número con el de Estados Unidos, que presentó menos de 600.000. La solicitud de patentes en inteligencia artificial de China superó a las de EE. UU. en 2014, y desde entonces ha mantenido una alta tasa de crecimiento.

La mayoría de los líderes chinos son ingenieros que piensan desde una perspectiva estratégica de valor y resiliencia a largo plazo, en lugar de en términos de atajos de ingeniería financiera a muy corto plazo. Priorizan y se centran en tecnologías a largo plazo del siglo XXII, que incluyen inteligencia artificial, computación en la nube, análisis de análisis de grandes bases de datos, *blockchain* y tecnologías de información y comunicación (TIC).

A medida que la Ruta de la Seda Digital China se expanda, sus pseudo empresas tendrán información invaluable sobre los datos a nivel mundial. Al igual que los FAANG (Facebook, Apple, Amazon, Netflix, Google) utilizan el agregado de datos en tiempo real para analizar el comportamiento de los clientes en el oeste. Al estar asociados con el gobierno chino, tendrán acceso privilegiado a todos los súbditos del Reino Medio, a diferencia de sus competidores occidentales. Estas pseudo empresas chinas tendrán asombrosos privilegios en tecnologías de próxima generación como IoT (Internet de las cosas), IA (inteligencia artificial) y vehículos autónomos en al menos dos tercios del mundo a través de la plataforma RSD.

Desafortunadamente, en Occidente, las arquitecturas y tecnologías empresariales de hoy que son anteriores a la WWW (World Wide Web, Red informática mundial) están dirigidas por ingenieros financieros especialistas en "lápiz labial para cerdos". Sus diseños no tienen relación con la era digital. Como sucedió con los Roosevelts, a través de asociaciones público-privadas, las universidades deberían invertir y nutrir las industrias centrales de manera similar a lo que vemos que está sucediendo en China, Japón, Corea del Sur y Alemania.

4. Arquitectura de Infraestructura

> *"El general que gana una batalla hace muchos cálculos en su templo antes de librar la batalla. El general que pierde una batalla hace pocos cálculos.*
>
> Sun Tzu El Arte de la Guerra (476-221 a. C.

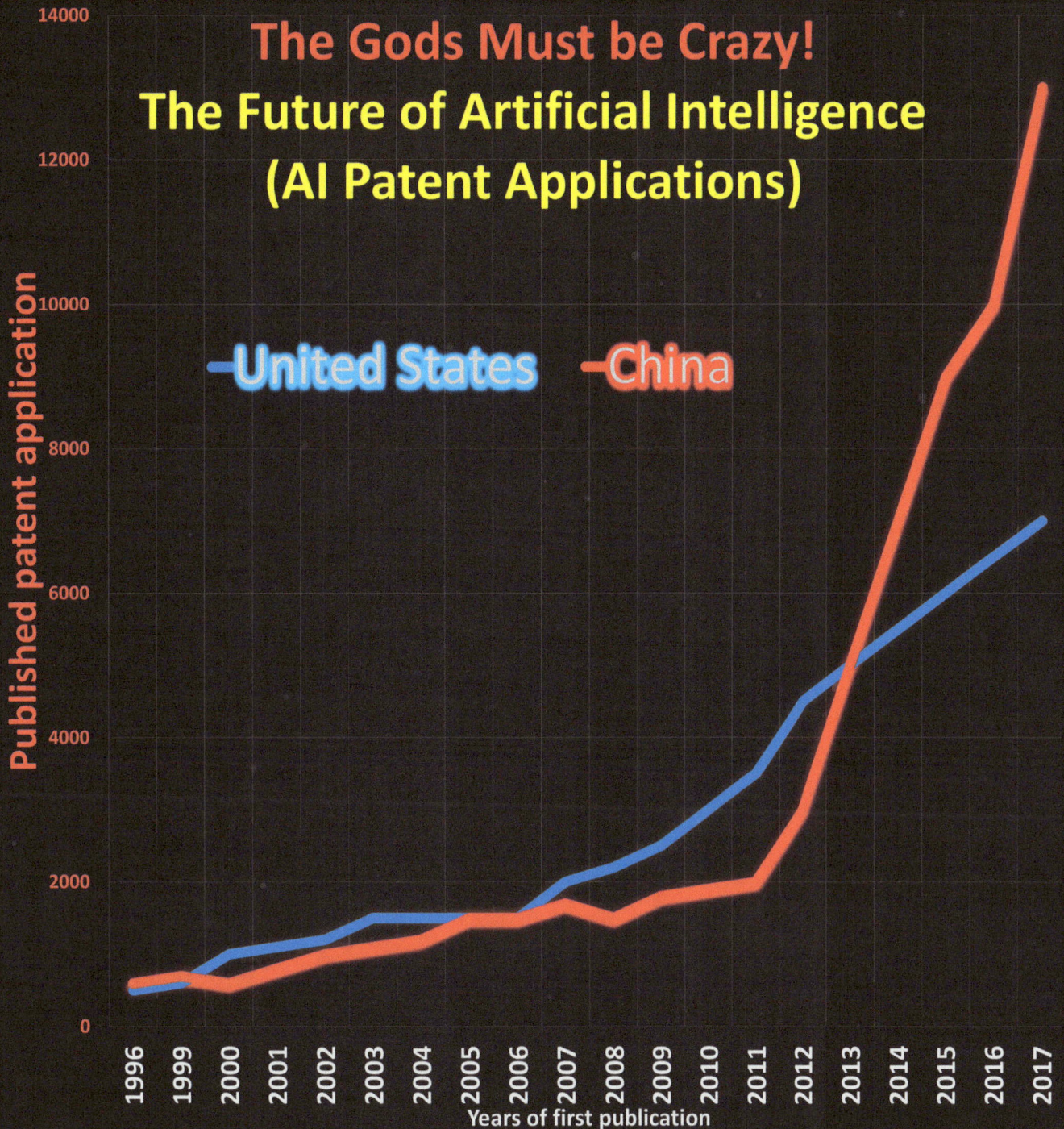

The Gods Must be Crazy!
The Future of Artificial Intelligence
(AI Patent Applications)

Para sobrevivir, necesitamos redactar una versión moderna del'Nuevo Trato' que Franklin D. Roosevelt ejecutara hace un siglo en circunstancias similares. Al igual que él, debemos hacer inversiones significativas en nuestra ruinosa infraestructura.

Mientras China busca colonizar económicamente, debemos examinar nuestra versión progresista del Plan Marshall Mundial para contrarrestar la Franja y la Ruta y la infraestructura tecnológica de China.

Necesitamos revitalizar el espíritu empresarial a través de asociaciones público-privadas y universidades.

Railroadlines Under Construction

Railroadlines Existing

¡Los dioses deben estar locos!

Ports with Chinese Engament Existing

Ports with Chinese Engament Under Construction

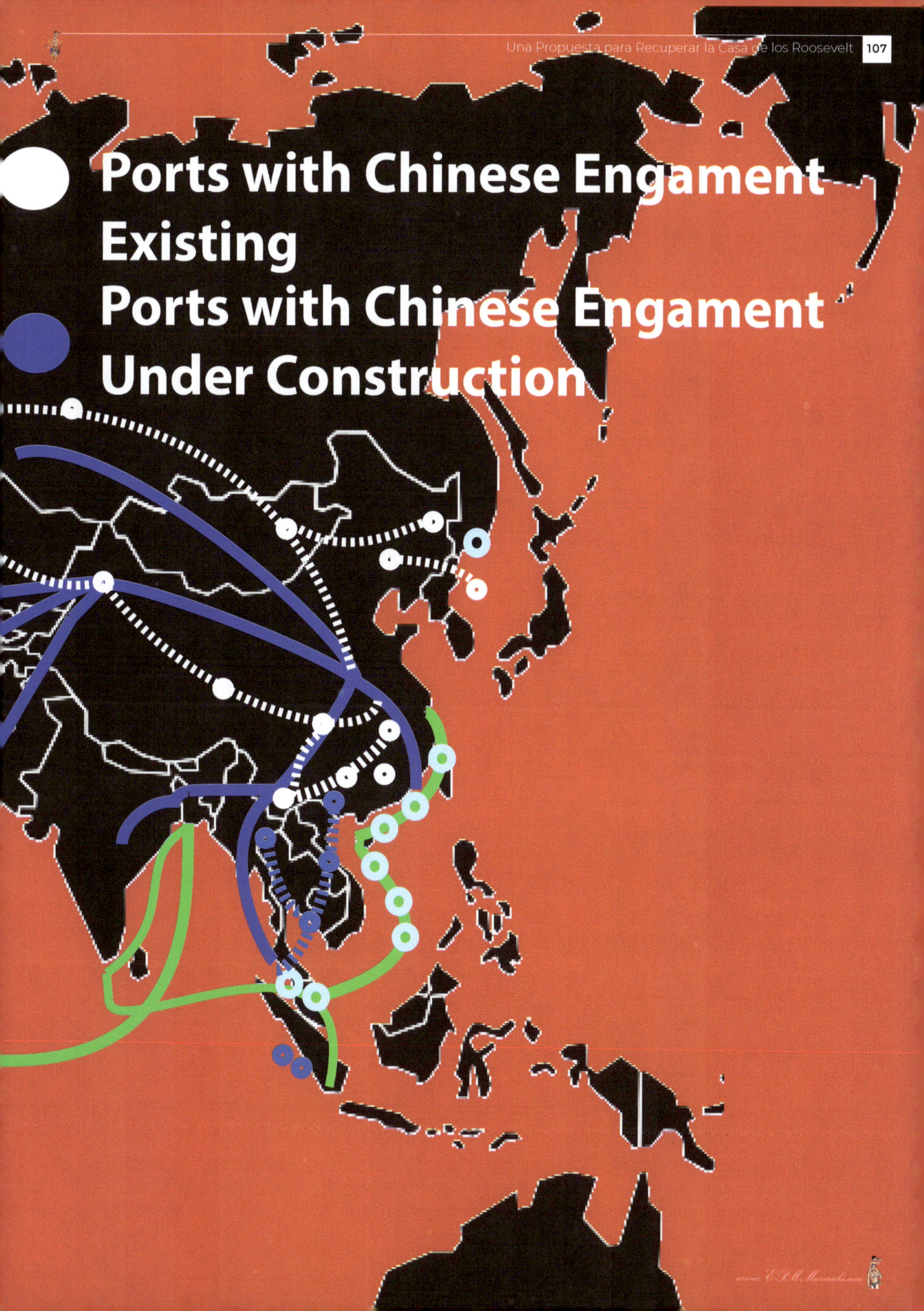

★ El gobierno debe asumir la propiedad de las acciones en empresas estratégicas, ayudándolas a recuperarse.

★ El gobierno debe monitorear las firmas de *Private Equity* y los capitales de riesgo en industrias críticas, especialmente en Silicon Valley. Una financiación depredadora considerable está llegando de China con la intención de robarnos nuestra IP, lo cual es una amenaza potencial para nuestra seguridad nacional.

★ Debemos eliminar el obsoleto sistema de inmigración y centrarnos en el mérito. Muchos de nuestros líderes innovadores con grandes conocimientos tecnológicos son el resultado de la inmigración de alto nivel.

★ Como hizo Roosevelt, debemos acabar con los monopolios y las corporaciones demasiado grandes para quebrar que crean barreras a la innovación.

"Las pequeñas y medianas empresas (PYME) representan más del 99% del número total de empresas en los países donde trabajamos. Son responsables de grandes contribuciones al valor agregado y al empleo."

——————— Banco Europeo de Reconstrucción y Desarrollo (BERD) ———————

5. Arquitectura Digital

"Primero traza planes que aseguren la victoria, y luego lleva a tu ejército a la batalla; si no comienzas con una estratagema, sino que confías solo en la fuerza bruta, la victoria ya no estará asegurada"

"Que tus planes sean oscuros e impenetrables como la noche, y cuando te muevas, cae como un rayo".

Sun Tzu El Arte de la Guerra (476-221 a. C.)

"Debemos aprovechar las oportunidades que brinda la digitalización industrial y la industrialización digital, acelerar la construcción de nuevas infraestructuras como las redes 5G y los centros de datos, y intensificar el diseño de las industrias emergentes estratégicas y las industrias del futuro, como la economía digital, la vida y la salud, y los nuevos materiales".

——————— Xi Jinping, secretario general del Partido Comunista de China ———————

China ya ha firmado acuerdos específicos sobre la Ruta de la Seda Digital con muchos de sus países socios de la Iniciativa de la Franja y la Ruta (BRI). La RSD es un caballo de Troya de Beijing para mejorar su influencia en todo el mundo sin competencia. Es una puerta trasera digital para que las empresas de tecnología chinas como Huawei, Tencent, ZTE y Alibaba expandan sus huellas comerciales globales y torpedeen a sus competidores occidentales.

Partiendo de 50.000 estaciones base en 2019, China ya ha superado los 500 millones de suscripciones 5G. Agregó al menos 190 000 nuevas estaciones base 5G solo en la primera mitad de 2021. Mientras estamos atrapados en guerras 2G/3G/4G, China salta su modo de expansión 5G y ahora está mirando 6G. Hace más de un año, China otorgó licencias de operación a China Mobile, China Unicom y China Telecom. En 2019, estas empresas de telecomunicaciones estatales comenzaron a implementar redes 5G en ciudades de todo el país.[60]

Carrier	5G subs total (millions)	New 5G subs in 2021 (millions)	5G base stations	New 5G base stations 2021	Total subscribers (millions)
China Mobile	251	86	501,000	111,000	946
China Unicom	121	42.2	460,000	80,000	310
China Telecom	131	44.5	460,000	80,000	362
Totals	503	172.7	1,421,000*	271,000	1,618

Fuente: https://www.theregister.com/2021/08/20/china_5g_progress/

China posee ~30% de los cables actuales en Asia o colabora en su construcción y en breve está apuntando a más del 50% de las acciones. Huawei 5G es más vanguardista que las redes de la competencia occidental y lo comercializa de forma económica para el resto del mundo. El sistema de navegación satelital chino tiene más satélites que el sistema de navegación GPS alineado con EE. UU. Al menos treinta países de la Iniciativa de la Franja y la Ruta (BRI) ya firmaron para la red de navegación BeiDou.

Más allá de la colonización económica, mientras China busca colonizar digitalmente, debemos examinar nuestra versión progresiva del Plan Marshall *digital* mundial para contrarrestar la Franja y la Ruta y la infraestructura tecnológica de China.

Para las empresas occidentales va a ser una tarea hercúlea ponerse al día con monolíticas cuasi-empresas chinas financiadas por el estado, como Alibaba, Huawei, Tencent, y ZTE, que, gracias a las subvenciones, entregan al estado productos de última generación a un precio de usar y tirar.

6. Gestión del Conocimiento

"Considera a tus soldados como a tus hijos, y te seguirán hasta los valles más profundos; considérelos como tus propios hijos amados, y ellos estarán a tu lado hasta la muerte. Sin embargo, si eres indulgente, pero no puedes hacer sentir tu autoridad; bondadosa, pero incapaz de hacer cumplir tus mandatos; y, además, incapaz de sofocar el desorden: entonces tus soldados deben ser comparados con niños mimados; son inútiles para cualquier propósito práctico".

Sun Tzu El Arte de la Guerra (476-221 a. C.)

Lo que necesitamos hoy es ingeniería de alta tecnología y resiliente, no ingeniería financiera que solo sirve para desperdiciar lo que ya tenemos. La productividad de los recursos de conocimiento de una empresa, sus empleados, son la clave de su éxito. La gestión del conocimiento está bajo el control de gente que cree en la cultura de trabajo en equipo, aprendizaje e inventiva. El empoderamiento del equipo conduce a la empresa del conocimiento, que es la base del futuro de la organización. Lamentablemente, en el entorno actual, los recursos de conocimiento son la

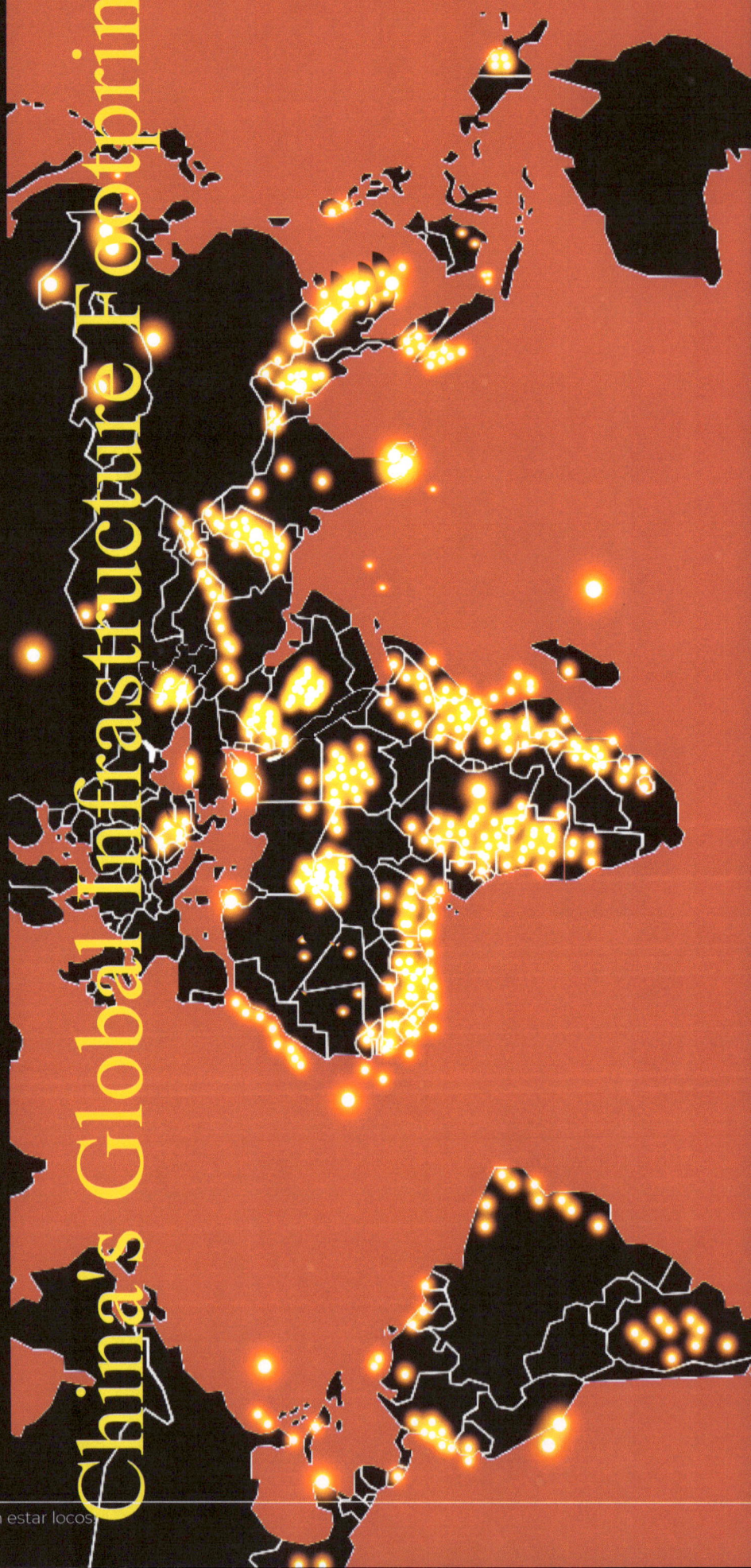
China's Global Infrastructure Footprint

principal víctima. Reciben el mismo tratamiento que los centros de coste de los pasivos, lo que ha dado lugar a la cifra actual de desempleo de alrededor de cuarenta millones.

Los recursos del conocimiento son la columna vertebral de las empresas, no los pasivos.

> *"El hábil patrón de hombres empleará al sabio, al valiente, al codicioso y al estúpido. Porque el sabio se deleita en establecer sus méritos, al valiente le gusta mostrar su coraje en la acción, el codicioso se apresura a aprovechar las ventajas y el estúpido no le teme a la muerte".*
>
> Sun Tzu El Arte de la Guerra (476-221 a. C.)

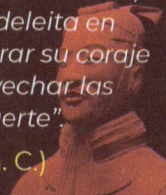

El modelo Mckinsey muestra que para el año 2030, *entre el 30 y el 40 por ciento de todos los trabajadores en los países desarrollados deberán tener nuevas ocupaciones o mejorar sus aptitudes de manera significativa*[61]. Las transformaciones tectónicas están por delante de nosotros en aproximadamente el 60% de los puestos de trabajo; más del 30% de las actividades existentes hoy se automatizarán. Afortunadamente, también sugieren que la escasez de trabajadores calificados será aún más escasa. La pandemia del COVID-19 ya está acelerando un cambio hacia la digitalización y la automatización.

Estados Unidos fue el líder mundial en todo tipo de conocimiento, desde la agricultura hasta salud, defensa, energía y muchas otras áreas. Por desgracia, como muestra el gráfico de abajo, las inversiones federales han experimentado una caída prolongada y constante del PIB. Esta desa-

Evolution of Knowledge Enterprise

> *"90% of the knowledge in the organization is in the heads of the people. Management spends75 % of their time on the knowledge that is written down."*
> - Bob Buckman

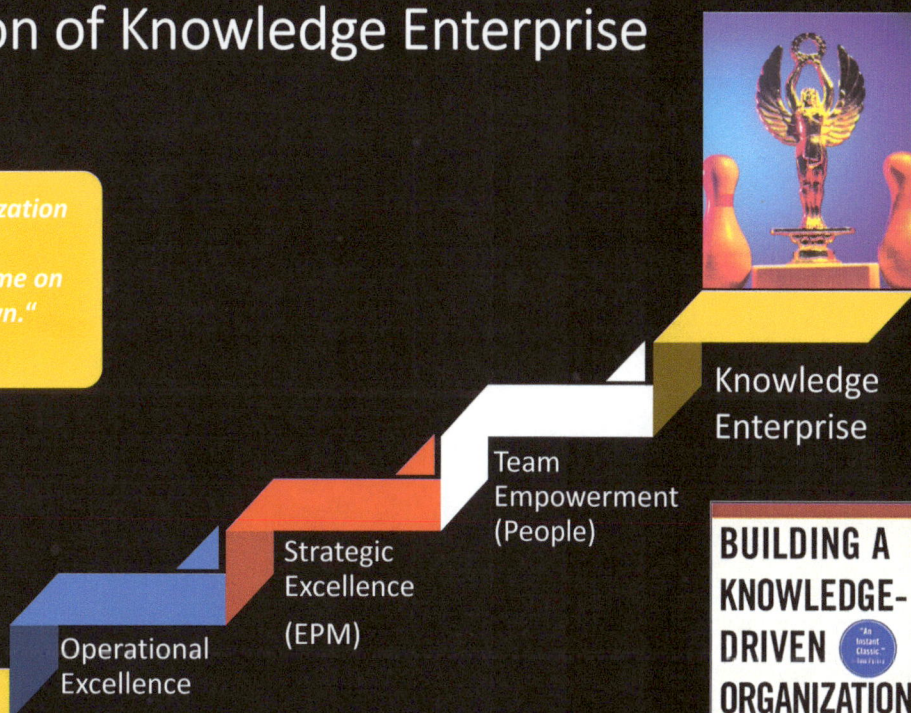

Operational Excellence

Strategic Excellence (EPM)

Team Empowerment (People)

Knowledge Enterprise

BUILDING A KNOWLEDGE-DRIVEN ORGANIZATION

"An Instant Classic"

Overcome Resistance to the Free Flow of Ideas
Turn Knowledge into New Products and Services
Move to a Knowledge-Based Strategy

ROBERT H. BUCKMAN
CEO OF BUCKMAN LABS, AWARD-WINNING KNOWLEDGE MANAGEMENT PIONEER

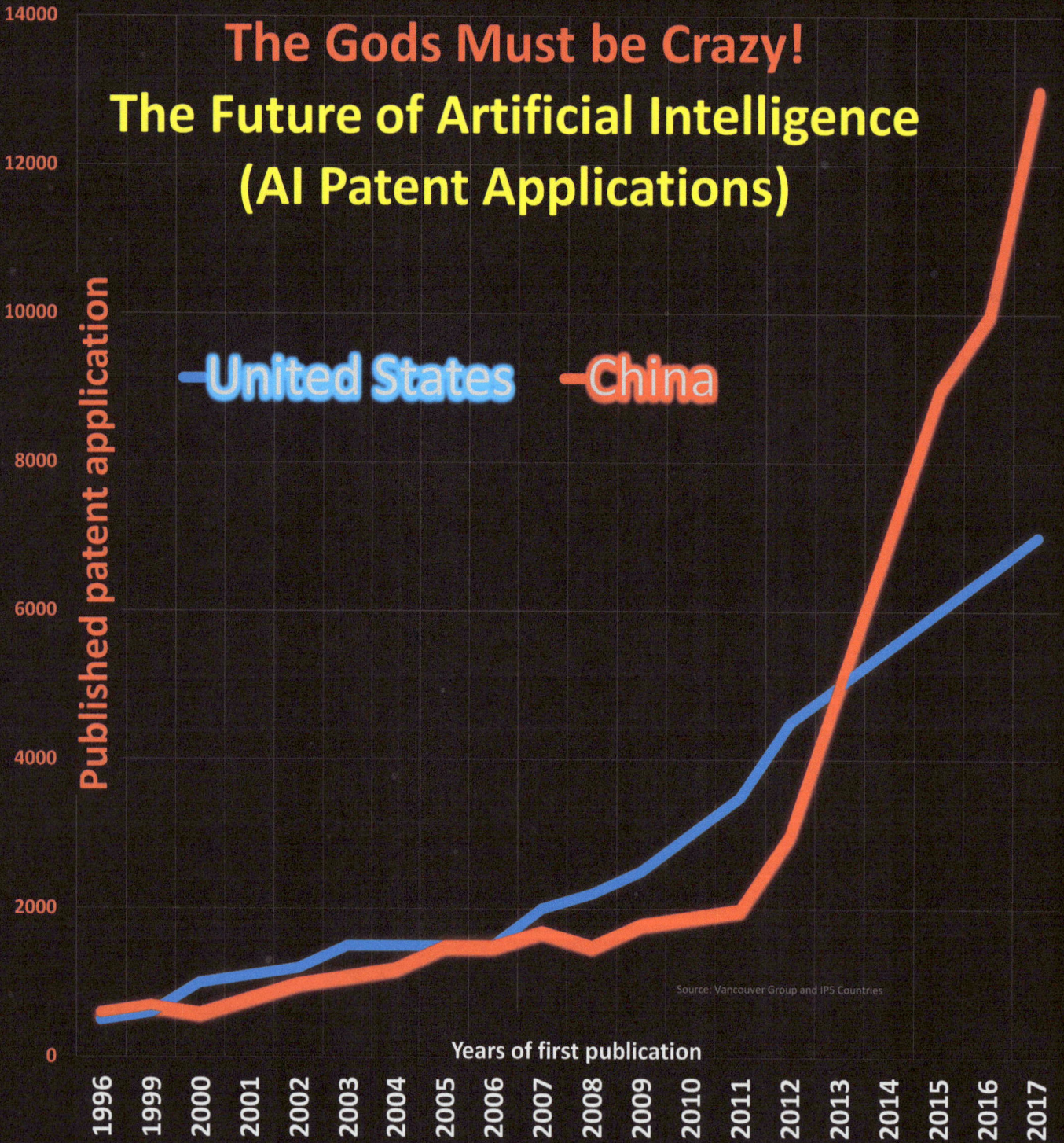

The Gods Must be Crazy!
The Future of Artificial Intelligence
(AI Patent Applications)

Published patent application

United States   China

Source: Vancouver Group and IP5 Countries

Years of first publication

parición de las inversiones estadounidenses es una receta para la recesión económica y estratégica. Mientras tanto, China está acelerando sus compromisos y cosechando los frutos.

7. Diplomacia

Mantén a tus amigos cerca y a tus enemigos más cerca.
Sun Tzu El Arte de la Guerra (476-221 a. C.)

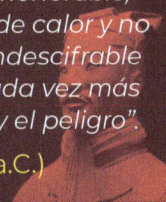

Hoy, necesitamos construir puentes diplomáticos y derribar los muros, no construirlos. En lugar de retirarnos y dejar que China tome la iniciativa, deberíamos avanzar para retomar el liderazgo renovando por completo nuestras alianzas comerciales como la OMC, el Banco Mundial, el FMI, la ONU y la OMS, que Roosevelt estableciera inmediatamente después de la Segunda Guerra Mundial. Necesitamos asegurar el liderazgo de la Asociación Transpacífica (ATP) y prepararla para tomar medidas para contrarrestar a China. El Acuerdo de la Asociación Transpacífica fue un acuerdo comercial propuesto entre Australia, Brunéi, Canadá, Chile, Japón, Malasia, México, Nueva Zelanda, Perú, Singapur, Vietnam y los Estados Unidos, firmado en 2016. Desafortunadamente, la administración actual se retiró de la asociación en 2017 y China aprovechó la salida de Estados Unidos.

Durante los años de Roosevelt, EE. UU. fue el país más respetado a nivel mundial, con la mayor cantidad de posiciones netas de inversión internacional (en términos de porcentaje del PIB). Hasta alrededor de la década de 1980, Estados Unidos poseían más activos exteriores que los que tenían los extranjeros. Desde la década de 1990, gracias a su estilo de vida decadente y caro, Estados Unidos ha estado vendiendo sus preciados activos a extranjeros.

En 2016, China es uno de los principales socios comerciales de la mayoría de los países (124). Más del doble que EE. UU. (56). Es preocupante que las embajadas estadounidenses estén a la venta a los donantes adinerados. Las campañas presidenciales típicas cuestan miles de millones de dólares y todo está a la venta para los ricos y poderosos. Gastamos alrededor de un 5000% más en el presupuesto de defensa que en el Departamento de Estado. Citando a Robert Gates (exsecretario de Defensa), "*hay más formaciones musicales militares que el conjunto de todo el servicio exterior de Estados Unidos*".

"Las relaciones oportunistas difícilmente pueden mantenerse constantes. El conocido de gente honorable, incluso a distancia, no agrega flores en épocas de calor y no cambia sus hojas en épocas de frío: continúa indescifrable a lo largo de las cuatro estaciones, se vuelve cada vez más estable a medida que pasa por la comodidad y el peligro".
Sun Tzu El Arte de la Guerra (476-221 a.C.)

Estados Unidos fue muy poderoso porque el resto del mundo confiaba en nosotros como custodios de las relaciones comerciales. Así, nos dieron la privilegiada imprenta de moneda de reserva. Si desperdiciamos esas relaciones comerciales, el Reino Medio pronto se apoderará de ese privilegio.

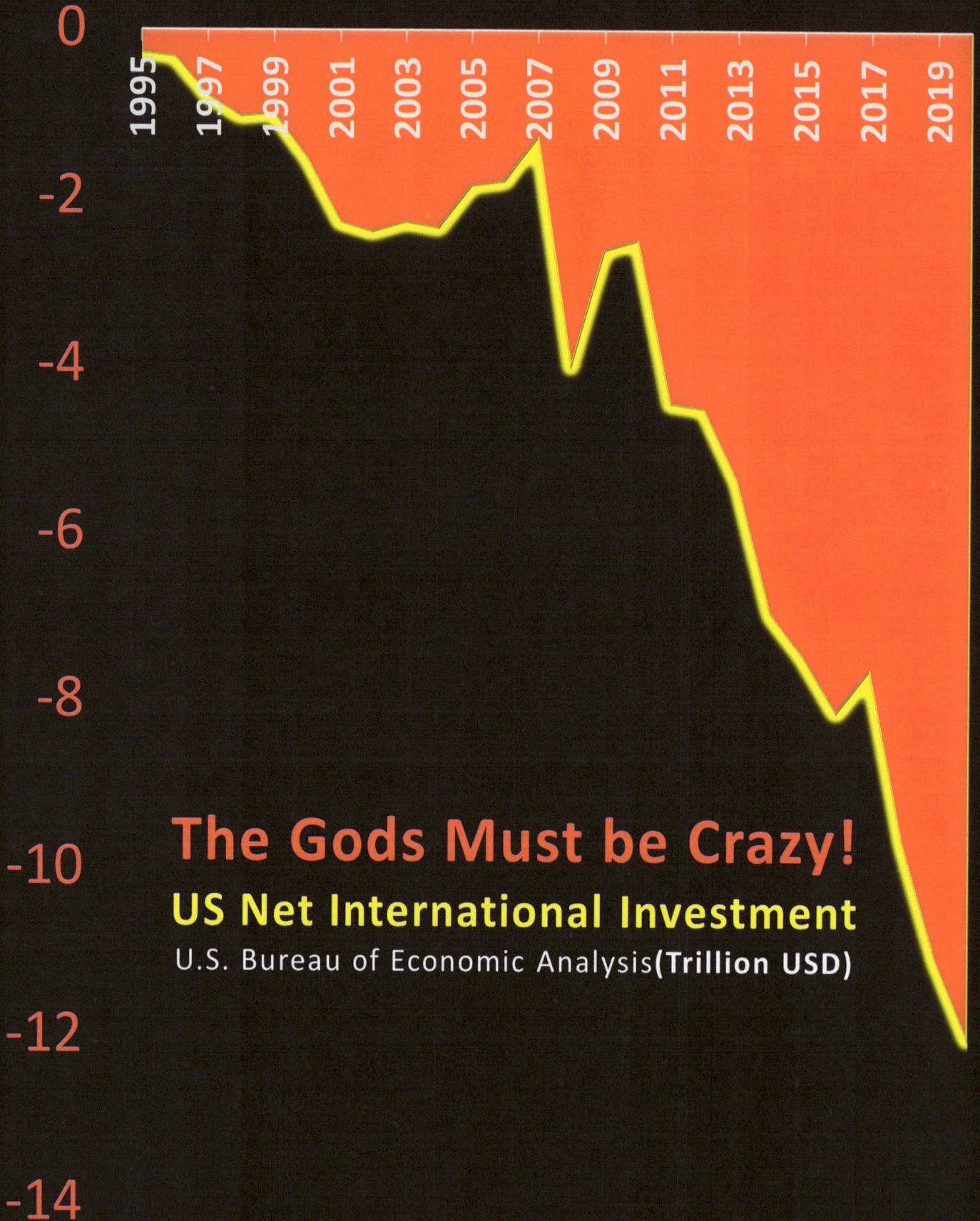

The Gods Must be Crazy!

US Net International Investment

U.S. Bureau of Economic Analysis **(Trillion USD)**

Estados Unidos tenía mejores relaciones y exportaba más productos y servicios de los que importó hasta alrededor de la década de 1970. Lamentablemente, durante las últimas dos décadas, como se muestra en el gráfico, perdimos nuestro poder de diplomacia comercial, convirtiéndonos en un vertedero aislado, especialmente para China, como se muestra en siguiente gráfico.

8. Patrón oro Moneda Mundial

"Crear una guerra ganadora es como equilibrar una moneda de oro con una moneda de plata.
Crear una guerra perdedora es como equilibrar una moneda de plata con una moneda de oro ".
Sun Tzu El Arte de la Guerra (476-221 a. C.)

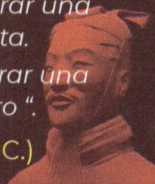

La moneda de reserva les da a nuestras empresas el "justo privilegio" de pedir prestado más dinero a un costo menor. También nos permite ejercer un poder enorme sobre todas las actividades financieras en dólares estadounidenses que tienen lugar en el mundo, como el control de los regímenes de Irán, Venezuela y Corea del Norte. Gracias a Roosevelt, en 1944, el dólar estadounidense se convirtió en la moneda de reserva mundial. En ese momento, Estados Unidos era el país más influyente económica, financiera y militarmente. Sin embargo, el alto poder de la moneda de reserva conlleva responsabilidades aún mayores.

Hace setenta y cinco años, la economía estadounidense representaba alrededor del 40% del PIB mundial. Por desgracia, hoy es menos del 15% en PPA. Mientras tanto, China avanza a más del 20%. Nuestro abuso del privilegio de custodia de la moneda de reserva ha malgastado nuestro renombre comercial. Debemos reevaluar los métodos actuales, o de lo contrario los días de nuestro imperio están contados.

Afortunadamente, el 79,5% de todo el comercio mundial todavía se realiza en dólares estadounidenses[62] gracias a su estatus de moneda de reserva. En lugar de abusar de ella como herramienta política e imprimirla sin límites, deberíamos recuperar la confianza en el dólar estadounidense como moneda de reserva antes de que pierda su estatus frente al Renminbi[63] y su criptomoneda. Necesitamos modernizar el FMI, el Banco Mundial y nuestro sistema bancario de acuerdo con el surgimiento de los centros financieros chinos y sus criptomonedas. Al igual que el idioma universal del mundo sigue siendo el inglés, las monedas de reserva tienden a tener más poder de permanencia porque el hábito de uso dura un poco más. Sin embargo, tarde o temprano, una vez que el resto del mundo pueda comerciar con el yuan chino, su brillo se desvanecerá. Facebook, también se babea por colonizar digitalmente a sus adictos con su Electro-Dólar (criptomoneda Libra).

9. Electro-Dólar

"En medio del caos, también hay oportunidades"
Sun Tzu El Arte de la Guerra (476-221 a. C.)

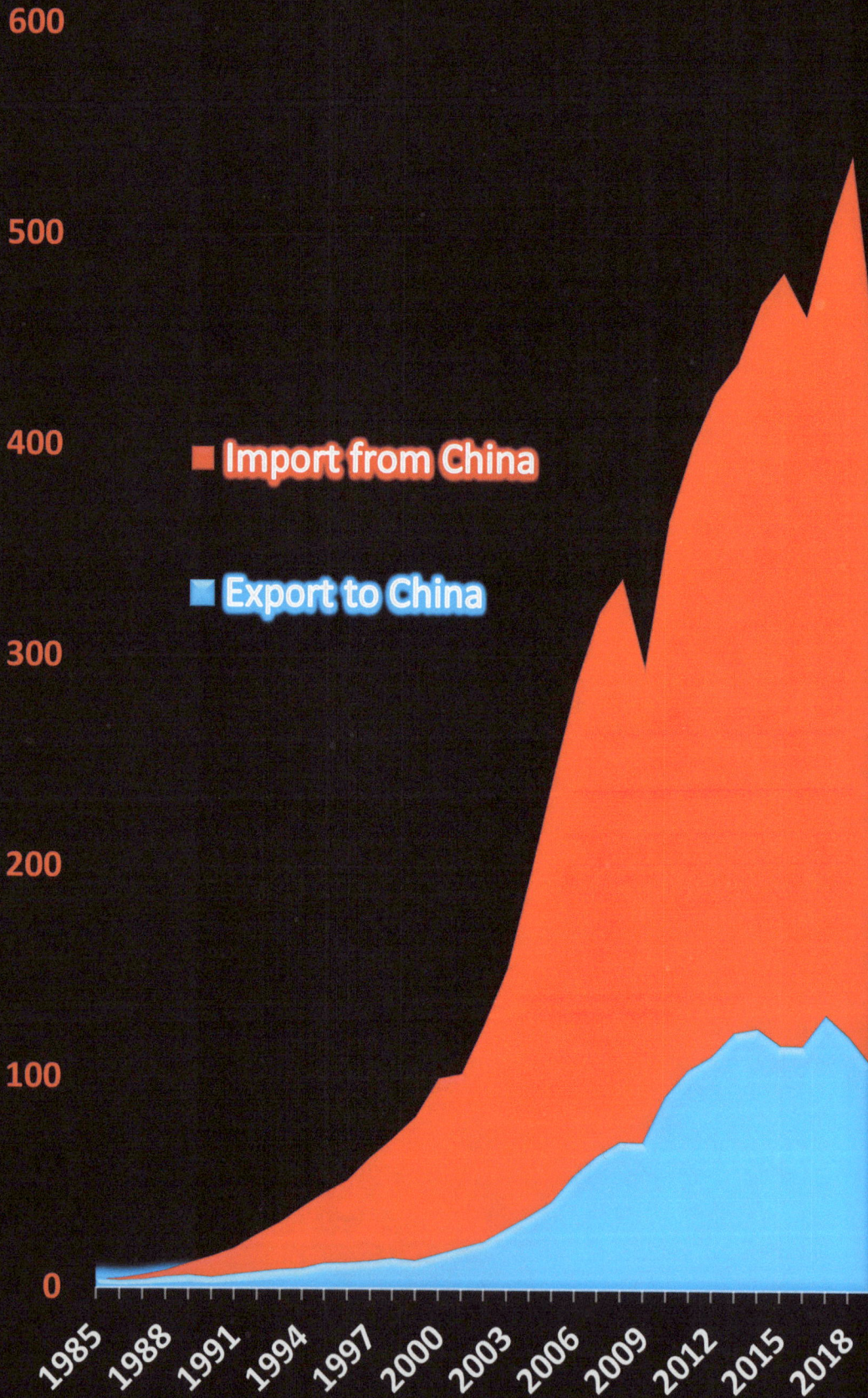

The Gods Must Be Crazy!
US Trade In Goods With China
U.S. Department of Commerce (Billion USD)

Import from China

Export to China

En 2019, el vehículo europeo de propósito especial (VPS) estableció intercambios comerciales (INSTEX) para facilitar las transacciones con Irán, que no fueran en dólares americanos ni en SWIFT, para evitar infringir las sanciones de los EE. UU. El INSTEX es una forma de sistema de trueque que permite a las empresas de la Unión Europea, y potencialmente del resto del mundo, eludir el sistema financiero de EE. UU. eliminando los pagos transfronterizos basados en el SWIFT o en dólares americanos. Cuando tres importantes aliados a largo plazo de los EE. UU. (Alemania, Francia y el Reino Unido) están haciendo esto actualmente para comerciar con Irán, es un disparo de advertencia peligroso. Deberíamos reconocerlo como una amenaza no solo contra las políticas estadounidenses, sino como un presagio del fin de nuestro estatus de reserva. El acuerdo comercial entre China e Irán también puede resolverse en Renminbi, y muchos otros países, como India, muy pronto seguirán este ejemplo. China es una sociedad cerrada, pero tiene una actitud empresarial abierta y estudia el sistema estadounidense en profundidad antes de realizar sus movimientos estratégicos. Parece que nuestra sociedad capitalista abierta se está moviendo hacia una mentalidad extremadamente cerrada. Somos irresponsables con nuestra condición de excepcionales y carecemos por completo de un pensamiento estratégico a largo plazo. Ya es hora de que reconozcamos a nuestros socios estratégicos que nos ayudaron a convertirnos en una superpotencia.

Desde el tsunami económico de 2008, China ha perdido la fe en las instituciones occidentales y ha comenzado a buscar soluciones alternativas. Crearon el Sistema de Pago Interbancario Transfronterizo (SPIT). China estableció mega instituciones financieras alternativas con sede en China, como el Banco de Inversión en Infraestructura de Asia (BIIA) y el Nuevo Banco de Desarrollo (NBD, anteriormente conocido como Banco BRICS) como una alternativa al FMI y el Banco Mundial fundados por los EE. UU. Los chinos también han desarrollado sistemas de pago digitales más avanzados, como WeChat y Alipay, que cuentan con unos dos mil millones de usuarios activos y crecerán exponencialmente una vez que se implementen a través de la plataforma Ruta de la Seda Digital (RSD).

Mientras luchábamos contra el COVID-19 y los disturbios civiles, los chinos lanzaron el *Blockchain Service Network* (BSN), Red de Servicios *Blockchain*, Este "yuan digital" es el ecosistema de cadena de bloques más grande del mundo, lo que convierte a China en la primera gran economía en emitir un Electro-Dólar (moneda digital) nacional. La Red de servicios *blockchain* se conoce como la *infraestructura de infraestructuras*. Este ecosistema de *blockchain* sin permisos permite la integración vertical de datos masivos, comunicaciones 5G, IoT (Internet de las Cosas) industrial, computación en la nube e inteligencia artificial. Esta tecnología financiera también proporcionará otros servicios de palanca de aplicaciones. La Red de servicios *blockchain* ha sido el objetivo principal, como nervio financiero de la (RSD), al establecer la plataforma para la interconectividad con todos los socios de la Iniciativa de la Franja y la Ruta de China.

Según un informe de JPMorgan, *"No hay país que tenga más que perder del potencial disruptivo de la moneda digital que Estados Unidos"*. Desafortunadamente, nuestra plataforma financiera obsoleta administrada por Wall Street está lista para la disrupción digital. Si no tomamos medidas inmediatas, los chinos conquistarán sin piedad el sistema obsoleto construido hace más de 75 años.

The Gods Must Be Crazy!
Government Research and Development
Percent of Gross Domestic Product

—US —CHINA

Sources: CBO and Chinese People's Political Consultative Conference

The Gods Must be Crazy!
Global Reserve Currencies since 1400
USA
Britain
France
Netherland
Spain
Portugal
USA (1944-????)
Britan (1815-1944)
France (1720-1815)
Dutch (1640-1720)
Spain (1530-1640)
Port (1450-1530)
1400
1500
1600
1700
1800
1900
2000
2100

10. Capital Financiero

"El que desee luchar primero debe calcular el costo".
Sun Tzu El Arte de la Guerra (476-221 a. C.)

Nueva York fue una vez el centro neurálgico financiero del mundo, sirviendo como ingenieros responsables del mundo libre. Desafortunadamente, debido a la extrema ingeniería financiera, Nueva York se está convirtiendo en la tumba del capitalismo.

Por otro lado, China está desarrollando rápidamente su centro financiero fuera de Shanghái, que está tratando de constantemente de derribar la influencia de los Estados Unidos. El número de empresas públicas en los EE. UU. ha ido disminuyendo constantemente desde que alcanzó su punto máximo a finales de los noventa. En la actualidad, este número se ha reducido de más de 7.000 a menos de 3.000.[64] Este número es nuevamente el resultado de nuestra ingeniería financiera a través de *Private Equity*, fusiones y adquisiciones y salidas de capital.

Mientras tanto, durante el mismo período, el mercado de valores chino creció de CERO a cerca de 5000 empresas. En Estados Unidos, esta cifra se redujo en más del 50%. Mientras tanto, China ha experimentado una tasa de crecimiento del 1000% en los últimos 25 años.

"Tengo tres tesoros que guardo y valoro: uno es la bondad, el segundo es la frugalidad y el tercero no presume de tener prioridad sobre los demás. Con la bondad uno puede ser valiente, con la frugalidad uno puede tender la mano, y sin presumir de tener prioridad, uno puede sobrevivir eficazmente. Si uno renuncia a la bondad y el coraje, renuncia a la frugalidad y la amplitud, y renuncia a la humildad por la agresividad, morirá. El ejercicio de la bondad en la batalla conduce a la victoria, el ejercicio de la bondad en la defensa conduce a la seguridad".
Sun Tzu El Arte de la Guerra (476-221 a. C.)

El desorden de nuestro actual sistema capitalista de competencia despiadada (comer o ser comido) se encuentra a los pies de los Comités de Acción Política y de los grupos de presión de Washington DC. Muchas de las firmas de *Private Equity* y otros vehículos de inversión están financiadas por China y otros fondos soberanos de países extranjeros, que pueden no tener en cuenta nuestros mejores intereses. Los asaltantes corporativos y los buitres de Gordon Gekko buscan dinero rápido. La gran mayoría de estos intercambios se realizan entre computadoras y se basan en algoritmos sin ningún fundamento. Son una vergüenza. Para retener y sostener, en primer lugar, debemos prohibir los CAP (Comités de Acción Política). La puerta giratoria entre políticos y cabilderos en el pantano (Washington DC) que corrompen y abusan del sistema debería estar bajo investigación.

★ Debemos tomar la iniciativa en la construcción de instituciones financieras multilaterales, similares al Banco Asiático de Inversión en Infraestructura (BAII), para contrarrestar la diplomacia china de trampa de deuda valorada en 10 billones de dólares, la iniciativa de la

The Gods Must be Crazy!
Catacomb of Capitalism?
US Enterprises Black Hole?

Chinese offshore SEOs — Onshore Chinese private firms
Hong Kong SOEs — Hong Kong private firms
Chiness Overseas listings — Us firms

NO. LISTED GROUPS ('000)

YEARS

Source: Wind

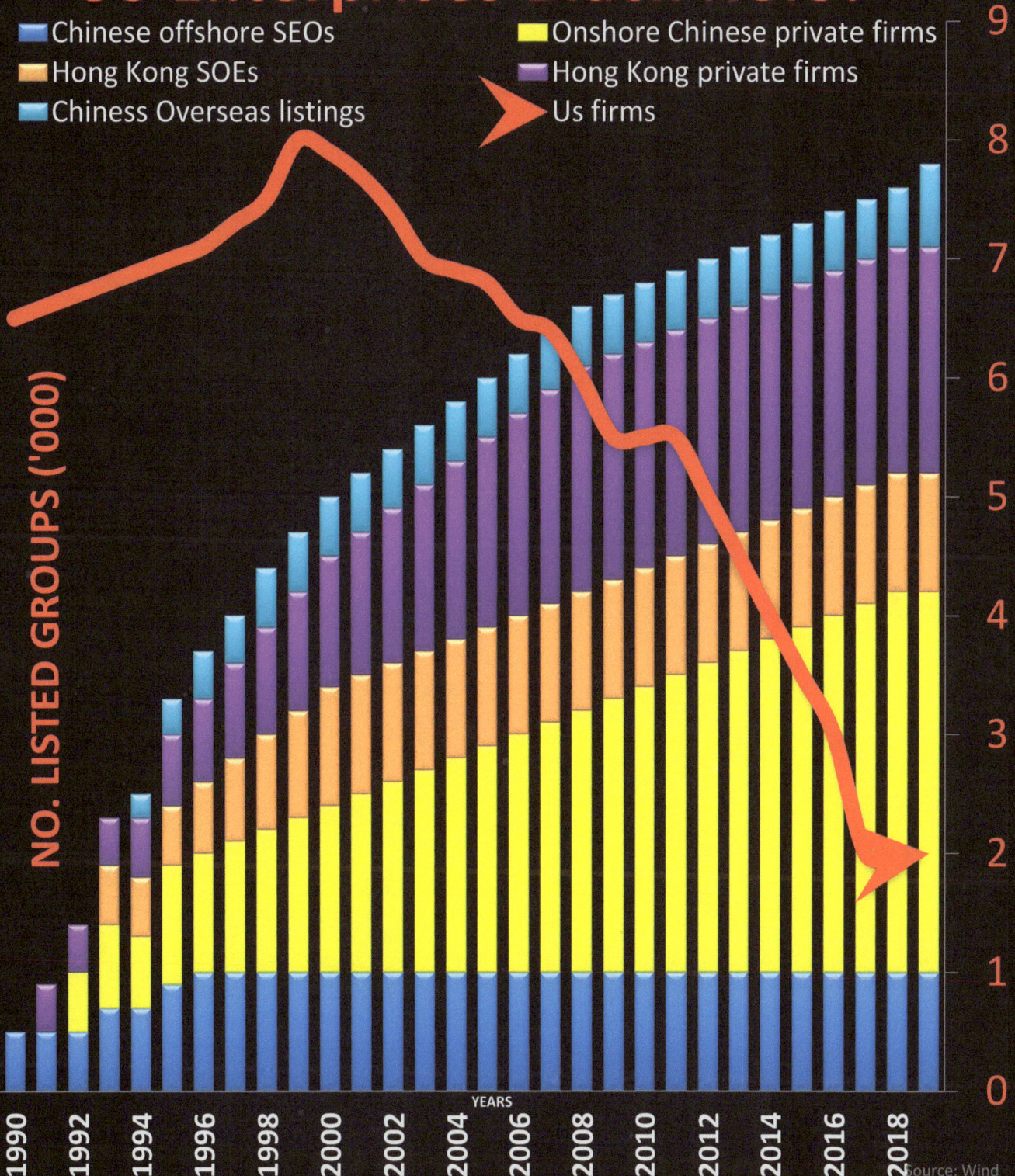

franja y la ruta de la seda de próxima generación y otros proyectos de infraestructura de alta tecnología. En lugar de enfocarnos internamente, como lo hacen las empresas chinas, debemos aventurarnos fuera de la zona de confort de nuestra torre de marfil y expandirnos hacia nuevas fronteras, especialmente en los países emergentes, para nuestra propia supervivencia.

★ Deberíamos estudiar el impacto de los resultados del Wall Street Quarterly, las recompras de acciones y los acuerdos de la banca de inversión y de *Private Equity* de Gordon Gekko. El gobierno debe monitorear de cerca dichas actividades cancerosas.

★ También deberíamos introducir para los ejecutivos bonificaciones a largo plazo basadas en el desempeño, no basadas en el precio de las acciones a corto plazo, que horadan los cimientos de un excelente balance general.

★ Además, deberíamos prohibir el *Private Equity* buitre y los fondos soberanos de inversión. Tienden a sacrificar los grandes balances de sus presas por su codicia a corto plazo.

The Gods Must Be Crazy!
US Defense Budget/Spending

Billions of US $ (Source: SIPRI**)**

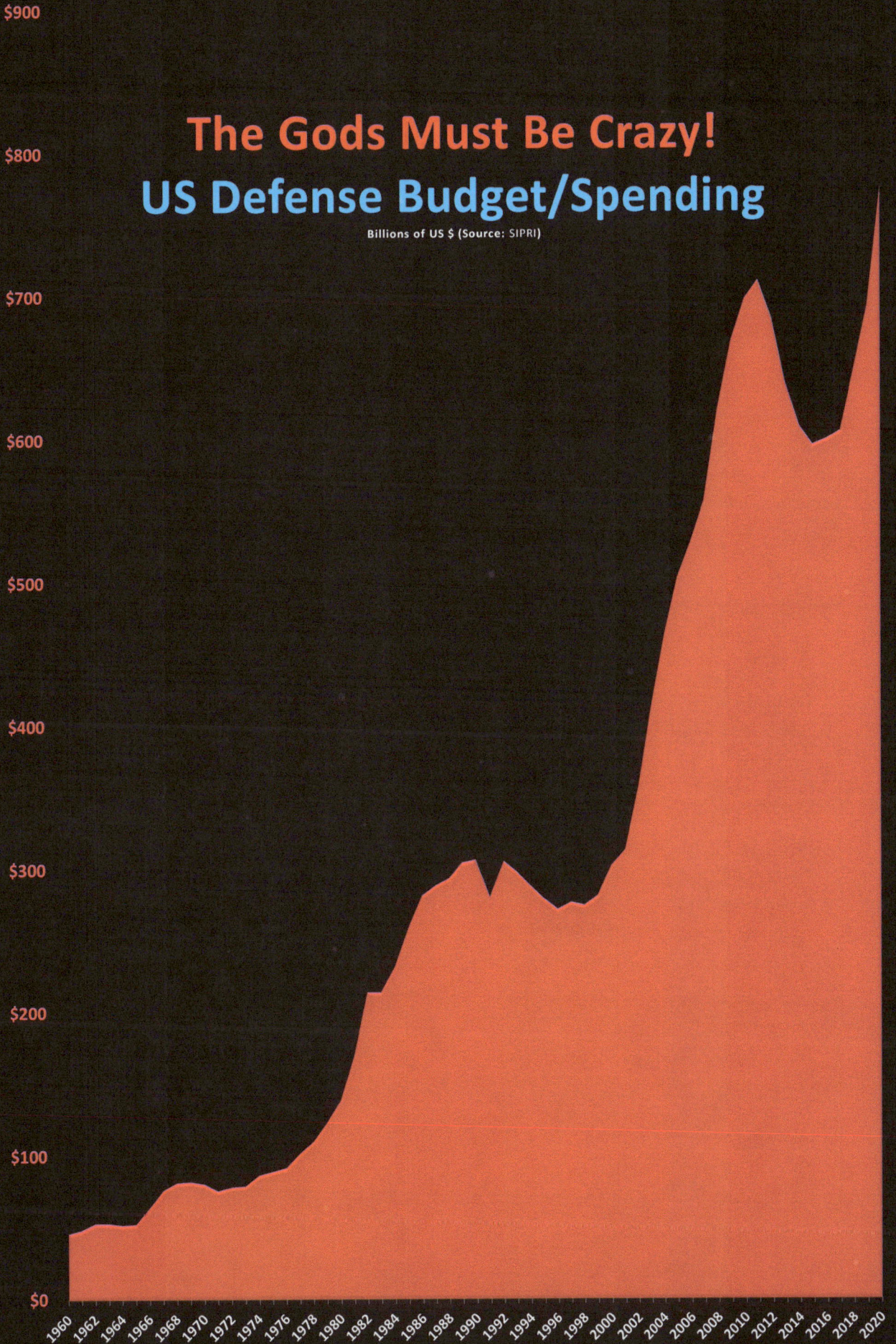

Si bien no soy un experto militar, durante los últimos años he sido consultor en el sector de Defensa Aeroespacial. Basado en el estudio de la Universidad de Brown (BENEFICIOS DE LA GUERRA: BENEFICIARIOS CORPORATIVOS DEL PENTÁGONO POST-9/11)[65], casi la mitad de los 14 billones de dólares gastados por el Pentágono desde el 11 de septiembre fueron destinados a contratistas de defensa con fines de lucro del complejo de la industria militar. Por cada miembro del Congreso (alrededor de 700 cabilderos) hubo más de uno de estos contratistas y gastaron $2.5 mil millones. Esta tendencia se originó con el entonces vicepresidente Dick Cheney, exdirector ejecutivo de Halliburton. Halliburton recibiría miles de millones para ayudar a establecer y administrar bases, alimentar tropas y realizar otros trabajos en Irak y Afganistán en el 2008. Aproximadamente un tercio de este contrato con el Pentágono se ofreció a solo cinco corporaciones importantes (Martin Lockheed, Boeing, General Dynamics, Raytheon y Northrop Grumman). Algunas de estas corporaciones son dueñas de fondos soberanos, incluida Arabia Saudita[66], potencialmente involucrada en los ataques del 11 de Septiembre[67]. La Comisión de Contratos en Tiempo de Guerra en Irak y Afganistán calculó que solo en el 2011 se gastaron entre $30 mil millones y $60 mil millones de dólares en desperdicios, fraudes y abusos. Cuando el ejército estadounidense se retira de Irak y Afganistán, ahora su objetivo es China para justificar casi un billón de dólares en gastos de Defensa de Estados Unidos cada año. Según el informe, "Cualquier miembro del Congreso que no vote por los fondos que necesitamos para defender este país tendrá que buscarse un nuevo trabajo a partir del próximo noviembre".

Cada año, el gobierno de los Estados Unidos gasta alrededor de un billón de dólares en defensa, que es más que los siguientes diez países juntos. Sin embargo, muchos de nuestros sistemas de defensa son anticuados y ni siquiera funcionan. Por ejemplo, cientos, si no miles, de pilotos de la Fuerza Aérea están volando aviones construidos antes de su nacimiento, muchos de los cuales ni siquiera merecen que se los vuele.

"La reina de la Flota Estadounidense, y la pieza central de la Armada más poderosa que el mundo haya visto, el portaaviones, está en peligro de convertirse en el acorazado para el que fue diseñado originalmente:

**grande, caro [> $10 mil millones], vulnerable
- y sorprendentemente irrelevante para los conflictos de la época.**

....

Se necesitan casi 6.700 hombres y mujeres para tripularlos, cuesta alrededor de $6.5 millones por día operar cada grupo de ataque".

CAPITÁN Henry J. Hendrix, USN
(Marina de Guerra de Estados Unidos) (PhD.), marzo de 2013

Por otra parte, China gasta sus preciosos dólares en sofisticados misiles hipersónicos que dejan indefensos a los lujosos juguetes estadounidenses. Los misiles balísticos chinos DF-26 que cuestan sólo cien mil dólares pueden hundir a los "fáciles blancos" de los EE. UU. que cuestan más de $10 mil millones.

Estados Unidos está actuando de manera irracional, reflejando a la Unión Soviética con su doctrina apocalíptica impulsada por algunos grupos influyentes con intereses especiales dentro de la industria de 2 billones de dólares y de las sectas beduinas ortodoxas[68]. Es posible que el gasto en defensa de Estados Unidos no se base en una estrategia racional que sea mejor para los ciudadanos estadounidenses. En cambio, mucho puede ser el resultado del cabildeo de los contratistas de defensa. Estos contratistas influyen en los congresistas asignándoles plantas de fabricación y bases en sus distritos (influyendo así en el empleo). Los chinos bien pueden estar riéndose de nosotros mientras beben de este cáliz financiero envenenado del gasto pródigo lleno de dinero prestado de ellos. Eso también ha sido armado en su nombre (como enemigo No. 1), pero nunca se usará contra ellos. Los inversores cuasi-institucionales chinos contribuyen de forma significativa a muchos vehículos de inversión, incluidas empresas de *Private Equity*, de la cual son dueños contratistas en defensa. Irónicamente, algunos de los fondos soberanos no tan amistosos también son los dueños de al menos algunos de nuestros principales contratistas en defensa[69].

> ## "Cuando ahorquemos a los capitalistas nos venderán la cuerda que usaremos."
> — Josef Stalin —

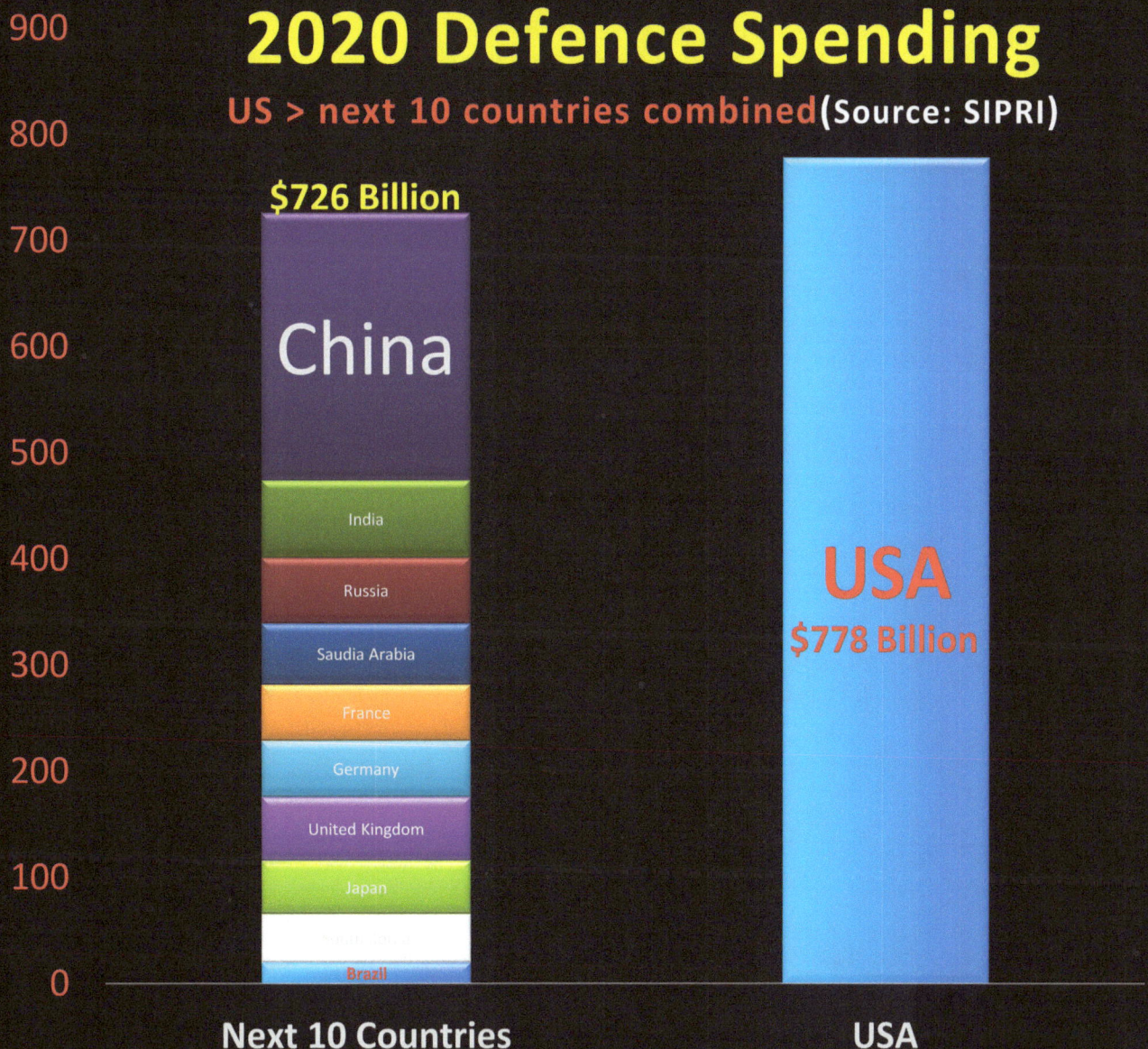

The Gods Must be Crazy!
2020 Defence Spending
US > next 10 countries combined (Source: SIPRI)

$726 Billion — China
India
Russia
Saudia Arabia
France
Germany
United Kingdom
Japan
Brazil

USA
$778 Billion

Next 10 Countries — **USA**

De la misma manera que los soviéticos presenciaron el fin de su imperio enredándose unilateralmente en conflictos políticos innecesarios, nosotros también estamos derramando nuestra preciosa sangre y nuestro tesoro. Irónicamente, somos los imitadores y cometemos los mismos errores que los rusos en Afganistán. Es imposible conquistar a los afganos o a los persas; fracasaron Alejandro Magno, Genghis Khan, Gran Bretaña y Rusia. Más recientemente, en los desiertos de Medio Oriente devastados por la guerra, nos fumamos 5 billones de dólares involucrándonos en las guerras tribales de los beduinos.

Este irracional y exuberante aventurerismo es un regalo para China. China está estratégicamente enfocada y creció de manera espectacular durante nuestros años de decadencia, inspirada en nuestra estupidez. Dado que EE. UU. exporta petróleo, no se encuentran valores estratégicos en el Medio Oriente más que la pérdida de sangre y tesoros preciosos. En resumen, estamos protegiendo los suministros de petróleo a China, como sucedió en Afganistán y Pakistán, ayudando a China a ganar sus intereses comerciales.

The Gods Must be Crazy!
2020 US Defense Spending
Catacomb of Capitalism: Little R&D?
Source: OMB (Office of Management and Budget)

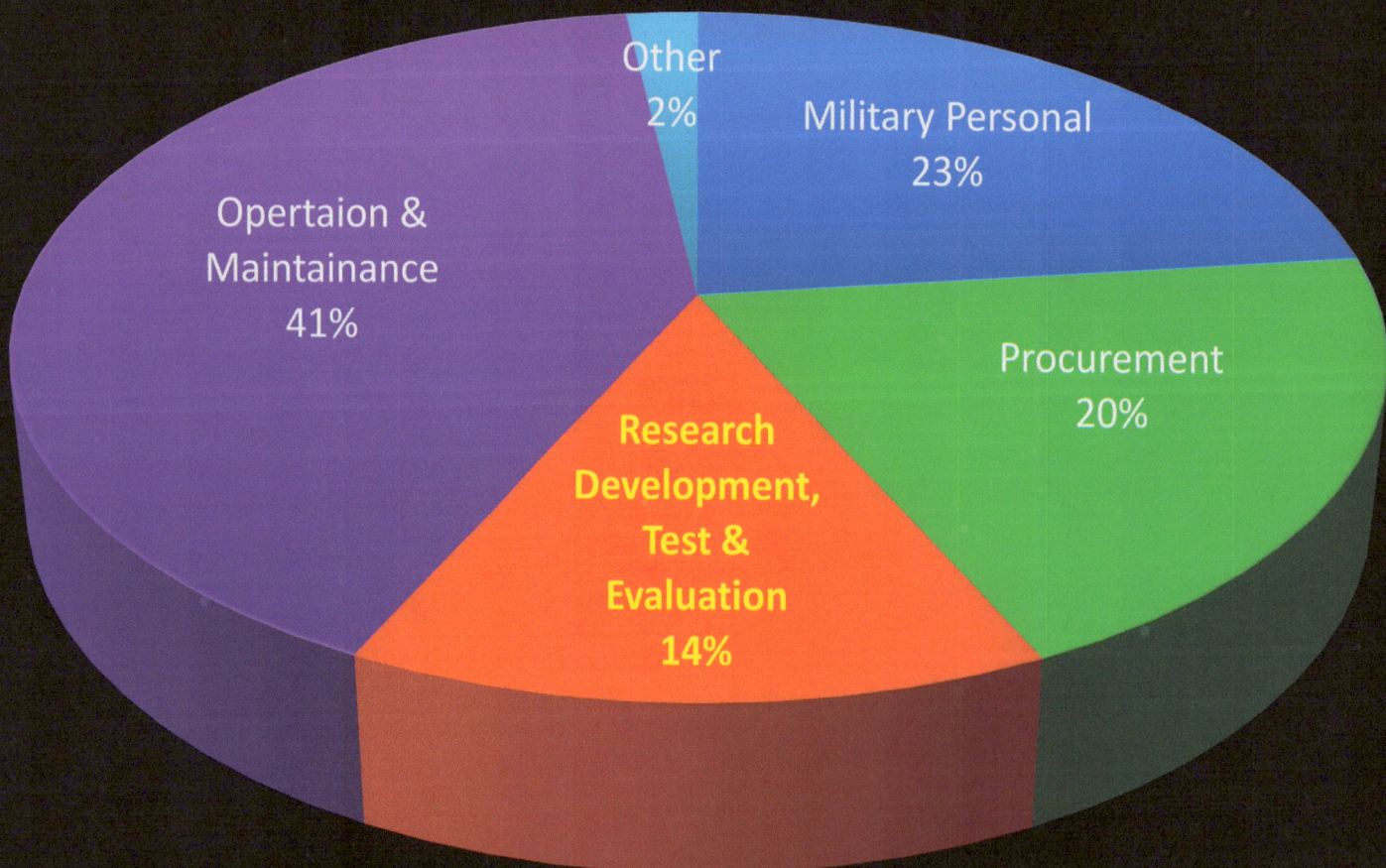

Other
2%

Military Personal
23%

Opertaion &
Maintainance
41%

Procurement
20%

Research
Development,
Test &
Evaluation
14%

Mientras tanto, China es racional y actúa sabiamente como lo hizo Estados Unidos en los días de Roosevelt (o incluso en la Guerra Fría), organizando alianzas mundiales. No hay cabilderos en China, y toman decisiones racionales para sus intereses comerciales y de seguridad a largo plazo.

Deberíamos modernizar completamente las fuerzas armadas para las guerras del mañana, no la guerra convencional prehistórica del pasado, con asociaciones público-privadas como lo hizo Franklin Roosevelt. Necesitamos tener visionarios como FDR para prepararnos y ganar la Tercera Guerra Mundial, que ahora se está gestando, como lo hizo FDR en 1942 cuando gracias a su visión ganó la Segunda Guerra Mundial.

Si no somos estratégicos y sabios, no podremos enfrentarnos a los modernos establecimientos de defensa chinos. El siguiente gráfico muestra que EE. UU. apenas gasta dinero en I+D futurista necesaria para sobrevivir al dragón. Si no somos cuidadosos y estratégicos, nuestro aventure-rismo militar y nuestro comportamiento excepcionalmente agresivo nos humillarán en el patio trasero de los Reinos Intermedios. Es triste decirlo, pero estamos luchando en las guerras del mañana con la estrategia de ayer.

12 Estrategias Digitales y la Hoja de Ruta Transformadora:

Para tener éxito, debemos impregnarnos del espíritu de una gran estrategia integral.

La Gran Estrategia incluye la indulgencia del poder de las normas (legitimidad moral), el cielo, la tierra (entornos físicos), el liderazgo y, finalmente, el método y la disciplina (evaluación de la capacidad militar, potencial de poder relativo).

Una vez que todos los elementos se unen, un estado puede beneficiarse de una gran estrategia para el éxito.

Adaptado de El arte de la Guerra de Sun Tzu (476-221 a. C.)

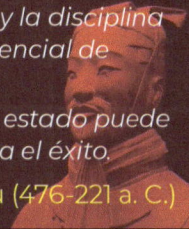

Durante los primeros 100 días en el cargo, Roosevelt creó las agencias del alfabeto, también co-nocidas como agencias del "*New Deal*" (Nuevo Trato). Durante los muchos mandatos de Roose-velt, se crearon al menos 69 oficinas como parte del "*New Deal*". De las tres ramas del gobierno, la rama ejecutiva controla la mayoría de las agencias federales. Bajo el poder ejecutivo, hay 15 departamentos ejecutivos y alrededor de 254 subagencias. El Congreso también estableció alre-dedor de 67 agencias independientes y más de una docena de juntas, comisiones y comités más pequeños.

El árbol se pudre desde las raíces. Las termitas corruptas ahora infestan la mayoría de esas ramas del gobierno de los Estados Unidos y las agencias subyacentes del siglo XIX. El analista James A. Thurber estimó que el número de cabilderos, o grupos de presión activos se acercaba a los 100.000 y que esta industria corrupta generaba 9.000 millones de dólares al año. Eso es más que el PIB (2018) de más de 50 países bajo la bandera de las Naciones Unidas. Recientemente, la actividad de los grupos de presión ha ido en aumento y "han pasado a la clandestinidad" a me-dida que los grupos de presión utilizan "estrategias cada vez más sofisticadas" para ocultar sus actividades. Incluso la justicia también está a la venta a través de millones de contribuciones en dinero sucio para campañas. El fallo Ciudadanos Unidos de la Corte Suprema, de enero de 2010, desató una ola colosal de gastos en campañas que fueron extraordinariamente poco éticas y corruptas según cualquier criterio juicioso. *Wall Street* gastó un récord de $2 mil millones tratando de influir en las elecciones presidenciales de 2016 en los Estados Unidos. El cabildeo es una forma legal elegante de soborno o extorsión, y en cualquier otra parte del mundo se la llama corrupción.

El sistema burocrático actual siempre ha cumplido su propósito, especialmente hace un siglo bajo los bien intencionados Roosevelts. Desafortunadamente, muchas organizaciones bien intencionadas se han convertido en ranas del estado en la sombra en el pantanoso aceite de serpiente[70] de Washington, D.C. ¿Cuáles son nuestras estrategias y políticas, dado que los recientes desastres geopolíticos y económicos debilitaron fundamentalmente muchos de estos sistemas? ¿Tenemos una visión y una hoja de ruta estratégica para enfrentar este orden mundial cambiante? Vivimos en una nueva era multidimensional en la que muchas de las regulaciones arcaicas del pasado deben transformarse en un orden mundial digital del siglo XXII.

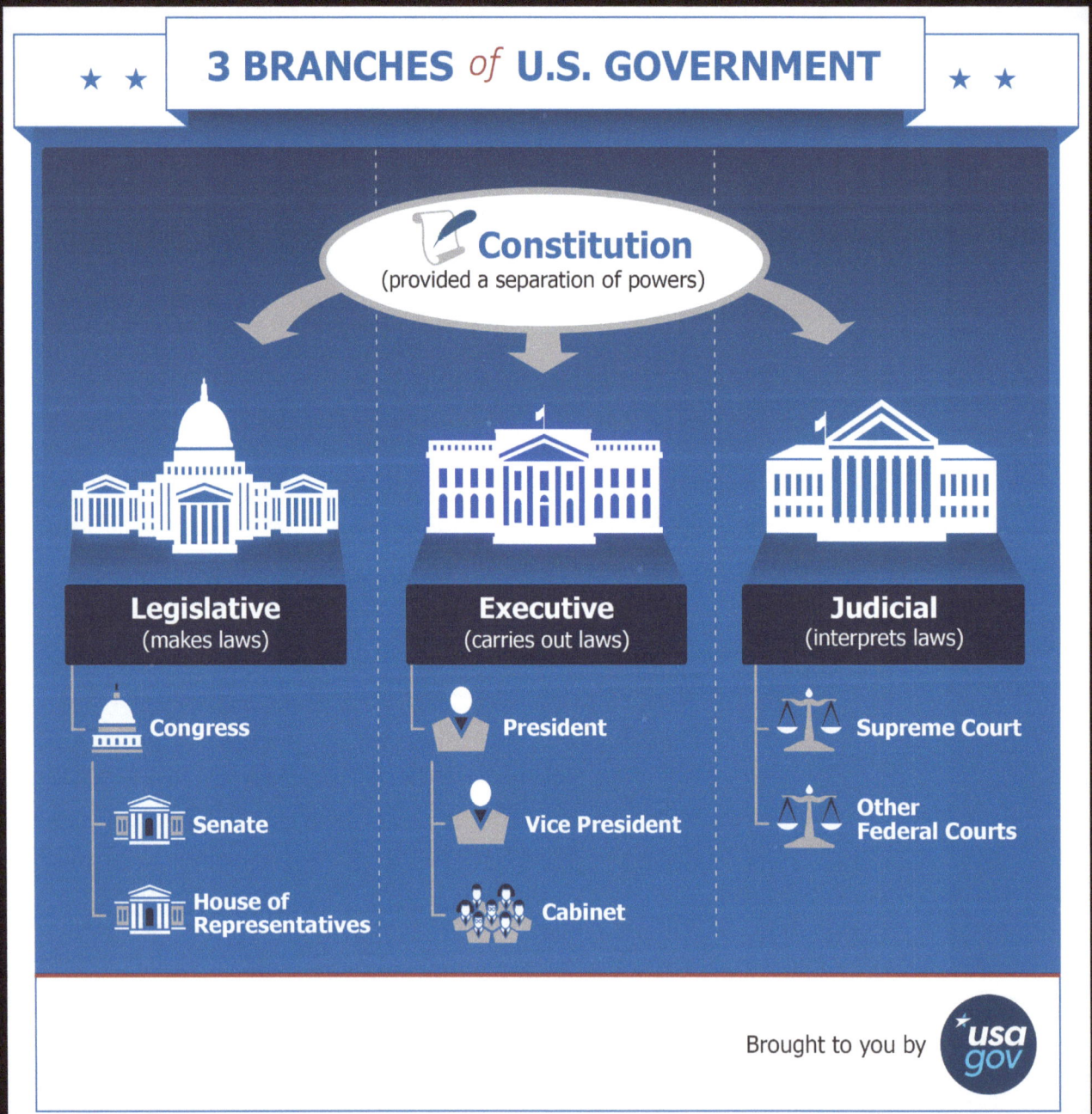

3 BRANCHES *of* U.S. GOVERNMENT

Constitution
(provided a separation of powers)

Legislative
(makes laws)

Executive
(carries out laws)

Judicial
(interprets laws)

Congress

Senate

House of Representatives

President

Vice President

Cabinet

Supreme Court

Other Federal Courts

Brought to you by **usa gov**

"Si tu enemigo está seguro en todos los puntos, prepárate para él. Si tiene una fuerza superior, evítalo. Si tu oponente es temperamental, trata de irritarlo. Finge ser débil, para que se vuelva arrogante. Si es tranquilo, no le des descanso. Si sus fuerzas están unidas, sepáralas. Atácalo donde no esté preparado, aparece donde no te esperen".

Sun Tzu El Arte de la Guerra (476-221 a. C.)

China es la única civilización antigua resiliente que ha caído cuatro veces y se ha recuperado cada vez. Desde la decadencia imperial de la Primera Guerra del Opio (de 1839 a 1842) y la humillación que la acompañara, todos los líderes chinos han tratado de recuperar las glorias perdidas en casa y en el extranjero. La visión del Partido Comunista Chino (PCCh) no es ningún secreto: Xi Jinping está decidido a hacer que el Reino Medio vuelva a ser grandioso. El PCCh está utilizando estrategias y políticas "geo tecnológicas". China lidera el camino hacia la Primacía Mundial a través de la Nueva Ruta de la Seda de varios billones de dólares (BRI, *Belt and Road Initiative*), conocida como Iniciativa de la Franja y la Ruta, y la Ruta de la Seda Digital (RSD), con la intención de colonizar Asia, Medio Oriente, África y Europa. Al estructurar una infraestructura comercial integral para productos chinos, la BRI ofrece un cambio estratégico a largo plazo de China en torno a tecnologías avanzadas e intereses militares. Estos elementos incluyen telecomunicaciones 5G, robótica, inteligencia artificial (IA) e ingeniería marítima para intereses en defensa.

En lugar de tácticas extremas de ingeniería financiera, debemos centrarnos en estrategias de ingeniería de valor a largo plazo. La ingeniería de valor debe ser la aspiración de una "ciudad brillante sobre una colina". La riqueza financiera es solo un subproducto. Mi generación le ha fallado a la juventud. Están mal preparados para la era digital y carecen enormemente de capacidades STEM. Necesitamos abandonar el síndrome del avestruz de enterrar la cabeza en la arena y reconocer la dinámica cambiante del orden mundial global. Si no lo hacemos, los dragones digitales como Huawei, Alibaba, Tencent y Baidu darán forma al mundo, y China se asegurará de que estos dragones dejen su huella en países económicamente colonizados por el Reino Medio.

En el ambiente populista actual, será un desafío para Estados Unidos encontrar líderes como los Roosevelts que puedan revertir su decadencia. Espero que sea menos traumático, en el que aceptemos las realidades con tanta gracia como lo hicieron los británicos cuando nos pasaron el bastón de mando, en lugar de deslizarse hacia la oscuridad.

"Steve Hilton: Mucha gente dice que China quiere reemplazar a Estados Unidos como superpotencia, ¿Cree que esa es su intención? "
Trump: " Sí, lo creo. ¿Por qué no habría de creerlo? Son un pueblo muy ambicioso. Son muy inteligentes. Son grandes personas. Es una gran cultura"

Entrevista de Fox News (19-05-19)

EPÍLOGO

> *"La máxima excelencia es ganar sin luchar, no diezmar a todos los adversarios con los que te encuentras. Dado que la destrucción no es claramente tu objetivo y la victoria lo es, dejar las cosas intactas maximiza tus ganancias y te ayuda a enmendar tus barreras con tu adversario".*
>
> Sun Tzu El Arte de la Guerra (476-221 a. C.)

★★★★★★★★★★★★★★★★★★★★★★★★★★★★★★★★★

La mano ha sido resuelta, y si no jugamos nuestra carta de triunfo pronto, China enviará a sus mercenarios a cobrar los peajes de los EE. UU. y de los cerca de 100 países que ha colonizado económica y digitalmente desde el tsunami financiero de 2008.

El COVID-19 ha expuesto nuestras deficiencias; incluso bajo la Ley de Producción de Defensa Presidencial, somos rehenes de China por nuestras máscaras faciales fabricadas en 3M del equipo de protección personal (EPP) necesario.

La economía estadounidense que construyera Roosevelt representaba alrededor del 40% (en 1960) del PIB (Producto Interno Bruto) mundial. Ha caído a menos del 15% en la PPA, mientras que China está aumentando rápidamente su participación más allá del 20%. Gracias a su condición de reserva, el 79,5% de todo el comercio mundial todavía se hace en dólares estadounidenses. Con nuestra extrema ingeniería financiera, hemos desperdiciado nuestro crédito mercantil. Si no actuamos juntos y rápidamente, nuestro imperio y nuestros días empresariales estarán en peligro.

World External Debt to China (2017, Direct Loans)

(Source: Data based on CHINA'S OVERSEAS LENDING, Sebastian Horn, Carmen Reinhart and Christoph Trebesch(KIEL WORKING PAPER NO. 2132))

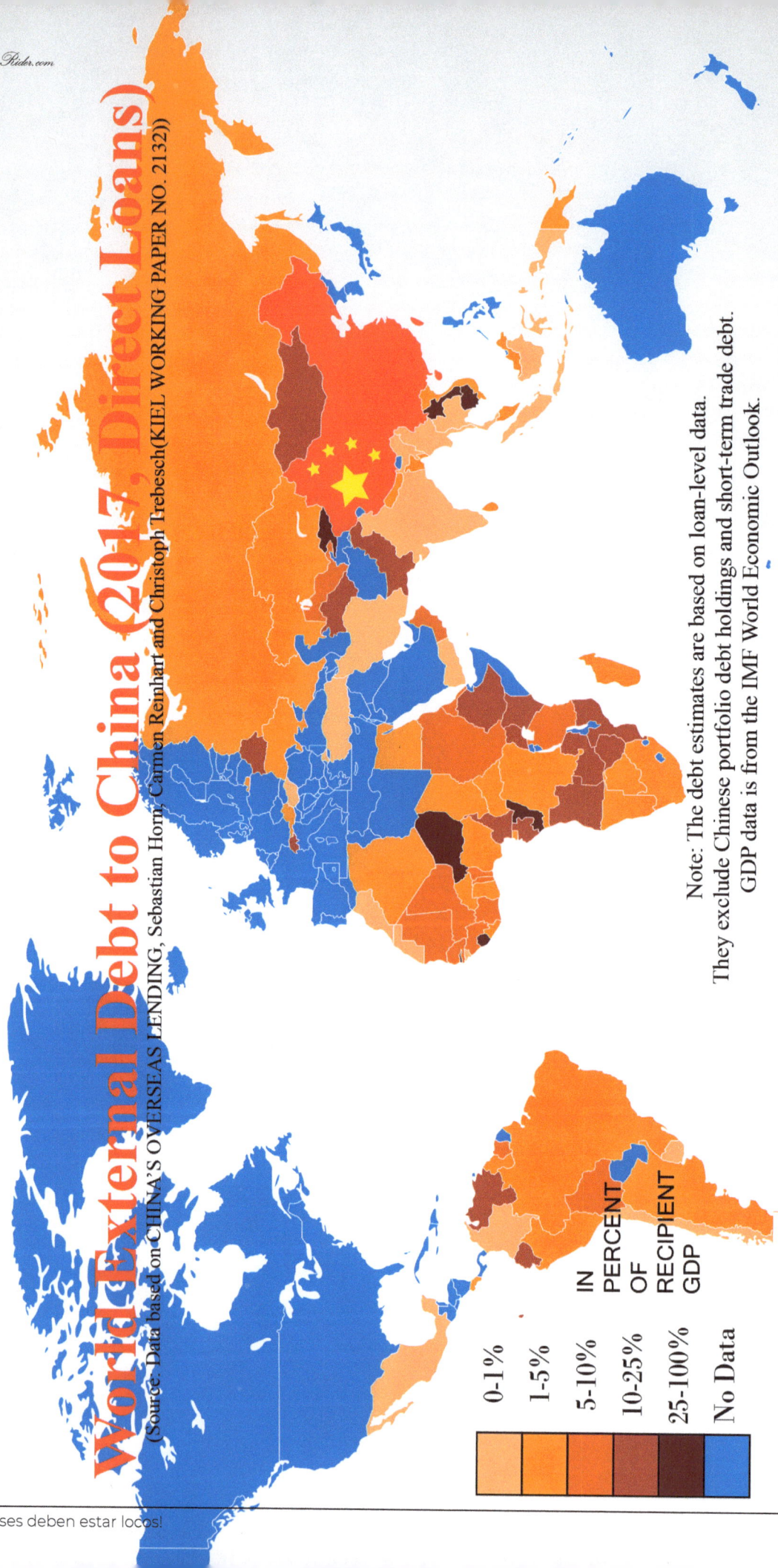

Note: The debt estimates are based on loan-level data.
They exclude Chinese portfolio debt holdings and short-term trade debt.
GDP data is from the IMF World Economic Outlook.

IN
PERCENT
OF
RECIPIENT
GDP

0-1%
1-5%
5-10%
10-25%
25-100%
No Data

Ahora no es el momento de construir un muro alrededor de nuestra torre de marfil y correr el riesgo de quedarnos atrapados en un infierno de ejecuciones hipotecarias. Ninguna persona autocrática puede abordar los desafíos multidimensionales y la espiral descendente exponencial que resulta de los cisnes negros en la "Nueva Normalidad". En lugar del unilateralismo, ha llegado el momento de perfeccionar nuestras habilidades sociales, llegar al resto del 96% de la humanidad y rediseñar nuestro Arca empresarial de Noé, como lo hizo Roosevelt hace un siglo cuando nos llevara por el camino de convertirnos en una superpotencia.

Si fallamos en esto, algunos populistas de extrema izquierda recurrirán al comunismo (la redistribución más o menos igualitaria de la riqueza), y la mayoría de la derecha se convertirá en milicia fascista (capitalismo autocrático controlado por el estado). La supervivencia de la empresa estadounidense se entrelazó con el ascenso y la caída de su padrino patrocinador, el imperio estadounidense. En los últimos cuatro siglos, hemos sido testigos de esto con las empresas más grandes, como las empresas holandesas (unos $10T) y británicas (unos $5T) de las Indias Orientales. Desafortunadamente, muchos de nuestros dinosaurios empresariales, que practican la ingeniería financiera extrema, serán víctimas de los buitres de la propiedad intelectual (principalmente de China).

Necesitamos aprender de los Roosevelts, quienes diseñaron nuestra gran base capitalista que ha durado tres cuartos de siglo. Lideramos la coalición para establecer nuevos "Planes Marshall" para salvar a los países que China ha colonizado económica y digitalmente antes de que sea demasiado tarde.

La arquitectura fundacional debe basarse en:

1. Liderazgo
2. STEM Educación en Ciencia, Tecnología, Ingeniería y Matemáticas
3. Investigación y tecnología estratégica
4. Arquitectura de infraestructura
5. Arquitectura digital
6. Gestión del conocimiento
7. Diplomacia
8. Patrón Oro Moneda Mundial
9. Electro-Dólar
10. Capital Financiero
11. Seguridad
12. Grandes Estrategias Y Regulaciones Digitales Transformadoras

Soy un contradictor que predijo el tsunami económico del 2008, lo cual fue relativamente fácil, dado que estaba principalmente centrado en Estados Unidos. Esta vez, la situación es mucho más voraz y multidimensional con el COVID-19 y los disturbios civiles actuando como cisnes negros de cambios tectónicos generacionales mundiales. Esta vez espero estar equivocado en mi análisis. Les paso esta investigación y análisis para desafiar mi perspectiva única y ponerla a prueba.

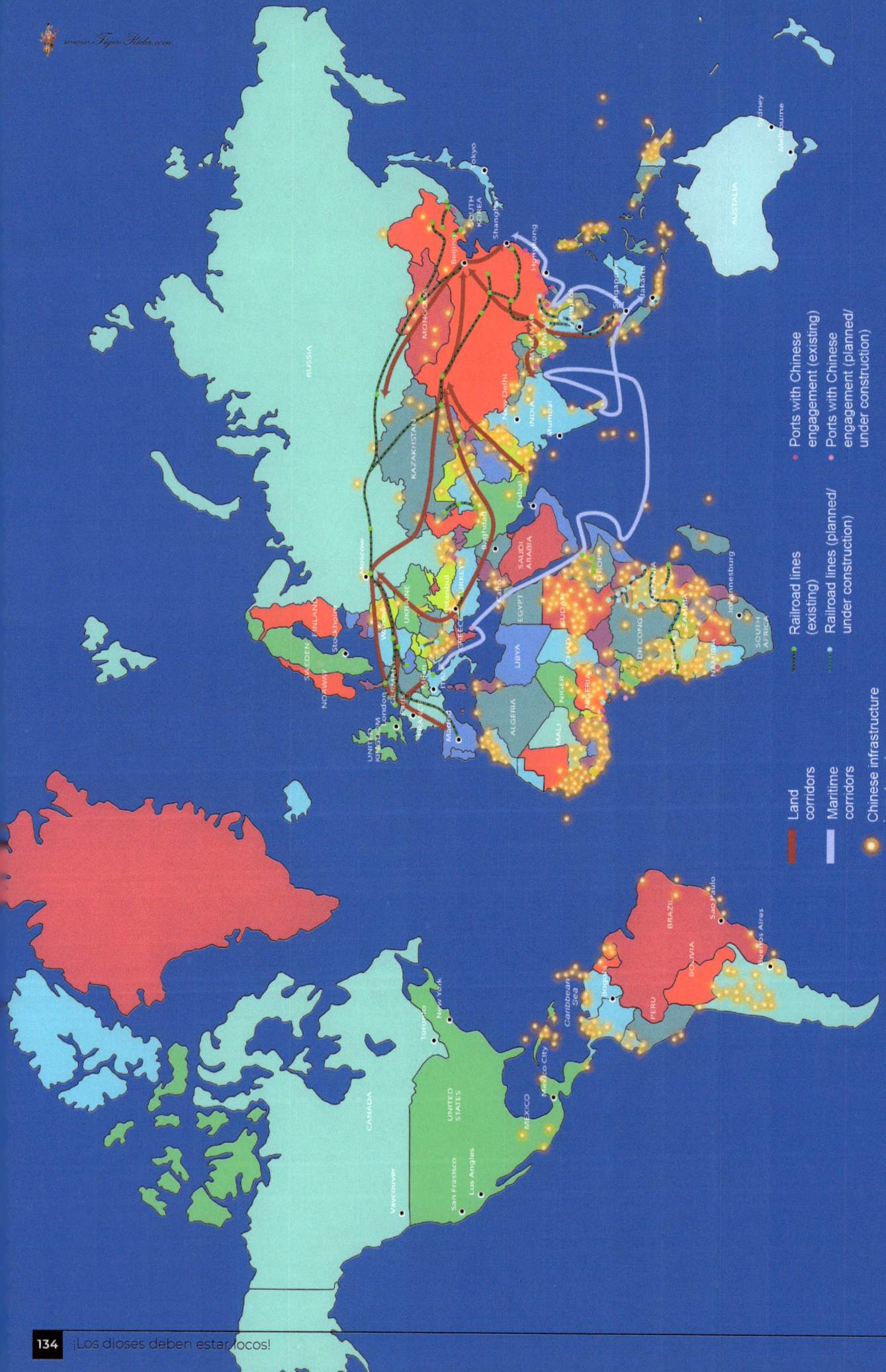

Hasta ahora, Estados Unidos le ha hecho increíbles regalos al Reino Medio a través de nuestra extrema ingeniería financiera y ahogando la gallina de los huevos de oro (traicionando sus rentables empresas por unos pocos bonos egoístas en dólares). Si no planeamos el **Arca Empresarial de Noé de la nueva era digital del siglo XXII**, preveo un futuro que imita al Cuarto Reich[71], sirviendo como esclavos para *El Hombre en el Alto Castillo*[72], que recuerda al Documental de Netflix *Fábrica Americana*[73].

¡Sí!¡Es el entretiempo, América![74]

★ ★

The Gods Must be Crazy!
US vs China Competitiveness Dashboard
(Representative Example scores)

Roosevelt's USA   Current USA   CHINA

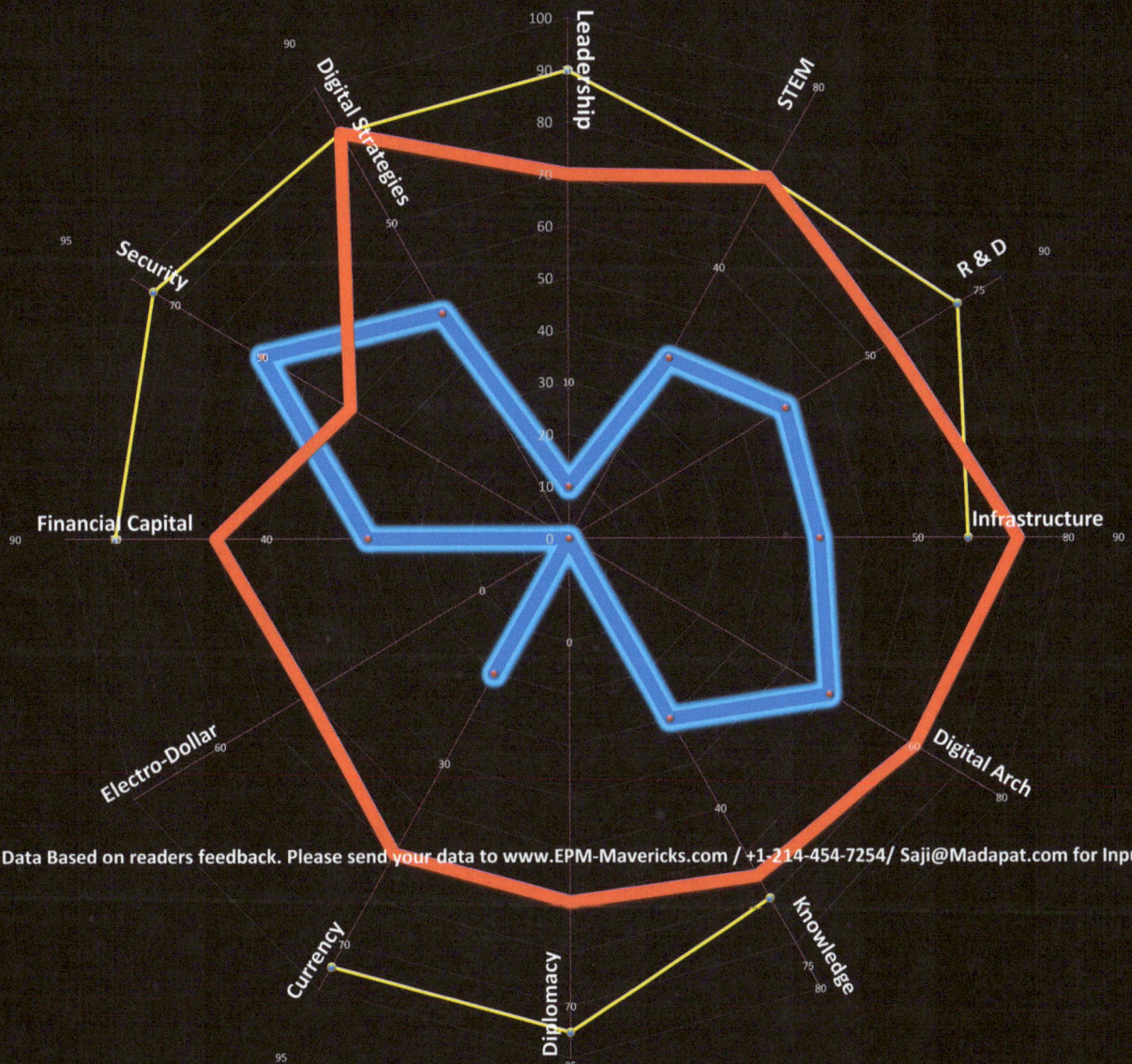

Data Based on readers feedback. Please send your data to www.EPM-Mavericks.com / +1-214-454-7254/ Saji@Madapat.com for Input

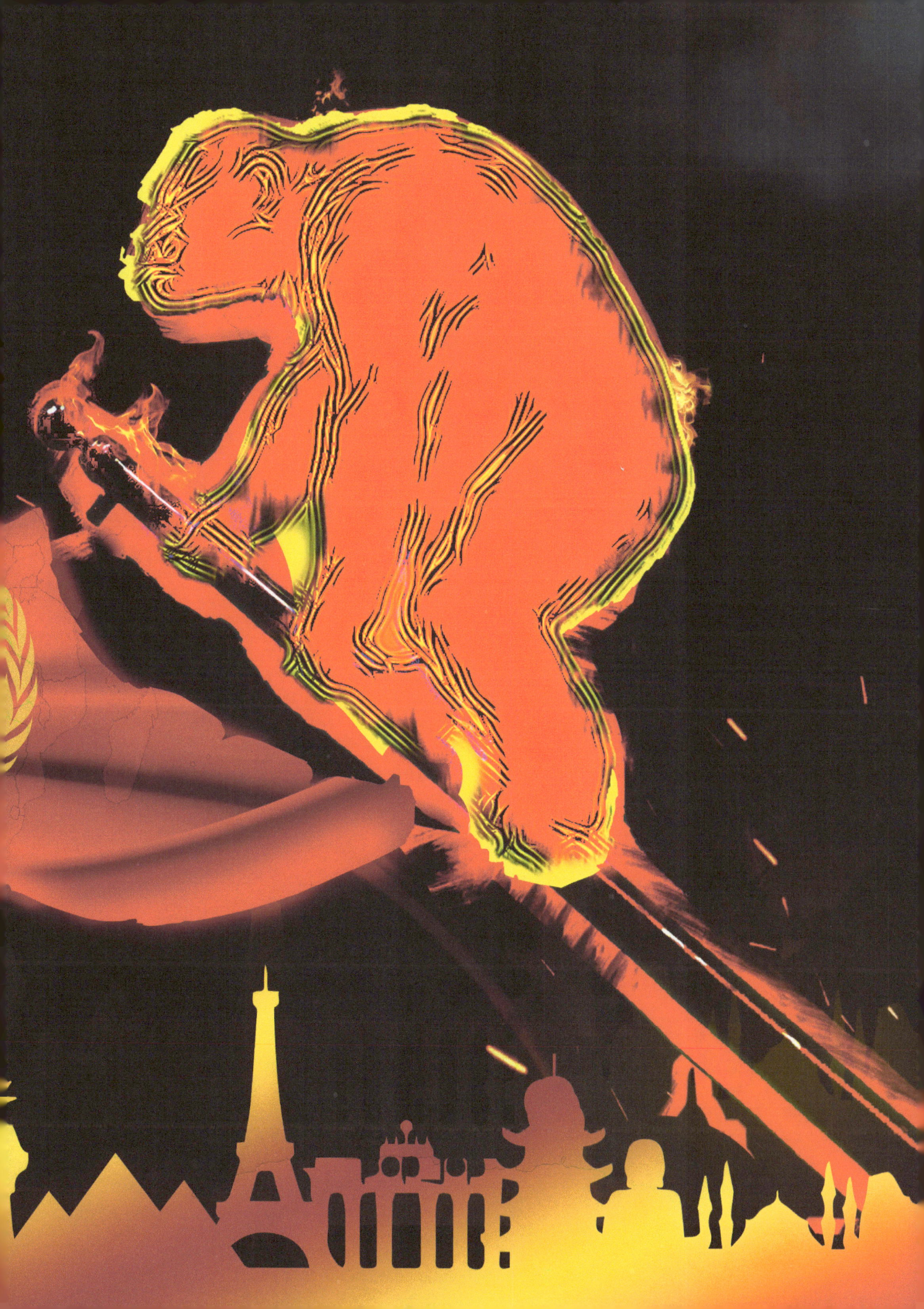

¡SÍ! ¡ES EL ENTRETIEMPO, AMÉRICA!

¡Ay Yi Yai Yi! Estamos en medio del Nuevo Orden Mundial

SOBRE EL AUTOR
UNA BREVE HISTORIA DE MIS REENCARNACIONES NÓMADAS

★ ★

> *"Luchar y vencer en todas nuestras batallas no es la excelencia suprema; la excelencia suprema consiste en romper la resistencia del enemigo sin luchar".*
>
> El Arte de la Guerra Sun Tzu (476-221 a. C.)

Nací y crecí en el país de Dios mismo Kerala, un paraíso tropical en la India. En Kerala, somos seguidores de Santo Tomás, el Apóstol, educado por misioneros cristianos traídos por colonizadores de Portugal, Francia y Gran Bretaña. El 100% de alfabetización y los altos estándares educativos en Kerala han dado lugar a muchos movimientos progresistas, incluido el comunismo. Kerala tiene muchos registros únicos, como por ejemplo una tasa de recuperación del modelo COVID-19 que es más alta que la de la mayoría de los países occidentales. El primer lugar, en toda la historia mundial, donde los comunistas fueron elegidos democráticamente para el poder. Como tal gobernaron desde 1957. El desierto industrial resultante provocado por el comunismo me obligó a hacer las maletas, después de obtener mi título de Ingeniero Industrial (con especialización en Gestión de Calidad Total), y buscar trabajo en Bombay (la capital comercial de la India).

Muy pronto me di cuenta de que mis perspectivas más allá del piso de la fábrica se verían limitadas por mi piel oscura (como una Kala Madrasi con pulmones). Temiendo por mi futuro, hui al sur para escapar de la escalera profesional racista. Obtuve mi MBA (Master in Business Administration, (Maestría en Administración de Negocios) en finanzas como candidato a la integración nacional. Providencialmente para mí, en 1990, toda la economía india se derrumbó bajo el peso de la poderosa Licencia Raj India de medio siglo de antigüedad. El resultado fue una economía india liberalizada. El momento fue inapreciable, ya que me brindó la oportunidad de comenzar mi carrera como Analista de Banca de Inversión. La fortuna me sonrió de nuevo cuando la caída del mercado de valores de 1996 en la India me permitió salir de mi carrera en la banca de inversión.

La India tomó el camino socialista y, durante el conflicto de la década de 1970 con Pakistán, declaró el estado de emergencia. Debido a la guerra de Pakistán y otras posiciones no alineadas, la relación entre Estados Unidos e India se deterioró y la IBM abandonó la India. Gracias al vacío (para llenar), Los TCS (Tata Consultancy Services, Servicios de Consultoría Tata) y los otros conglomerados indios de TI surgieron de la desesperación. Nos codificaron en TI para poner en marcha las computadoras y *mainframes* heredados que dejó la IBM. Gracias al error más grande en la historia empresarial (Y2K), IBM y las otras empresas occidentales nos vieron como los ("Culís Cibernéticos "), la solución económica para arreglar el código del Armagedón del fin del mundo.

Durante ese tiempo, logré migrar de las finanzas corporativas a las soluciones ERP (Enterprise Resource Planning, Planificación de los Recursos Empresariales) y arrebaté mi pasaporte al epítome del capitalismo, los EE. UU. Sin embargo, en el año 2000, los BaaN Brothers, BaaN Hermanos (con sede en Holanda) se involucraron en el escándalo holandés, y el sistema ERP No. 3 (BaaN) que yo estaba montando se convirtió en un caballo muerto.

Desde entonces, he pasado más de una década como voluntario para el PMI (instituto de gestión de proyectos líder en el mundo para profesionales de la gestión de proyectos). He grabado mi nombre en los estándares clave del PMI (incluidos el PMBOK, (Cuerpo de conocimientos sobre gestión de proyectos) OPM3, Modelo sobre la madurez en la gestión de proyectos organizacionales, Producto Promedio y Producto Marginal, etc.), gracias a mis documentos, publicaciones y libros sobre el PMI (especialmente del Estándar de gestión de la cartera de proyectos). Incluso trabajé en el panel de la sala de juntas del PPM de Gartner y más tarde me convertí en una de las tres PYME en metodología de gestión de proyectos en E&Y. En 2008, en medio del tsunami económico, me desempeñé como asesor de la oficina del CFO (Chief Financial Officer, Director Financiero) y establecí la Oficina de Gestión de Cartera de Proyectos para una de las 10 empresas más admiradas del mundo. Les ahorré alrededor de 500 millones de dólares, pero me convertí en víctima de mi ingeniería financiera a corto plazo. Me las arreglé para capitalizar el legado de Hyperion Enterprise de los 90 y pasé al elegante mundo de las suites de productos de un director financiero para obtener una ingeniería financiera más destacada en el mundo de la consultoría BIG4 (las cuatro firmas más relevantes dentro del mundo de la auditoría y la consultoría).

En 2009, hice mis maletas para trasladarme a las selvas de Camboya en busca de respuestas desde la base de la pirámide a través de Chinese GIFT (Instituto Global para el Mañana),[75] un Programa Global de Liderazgo para Jóvenes Ejecutivos de Clinton (PLJ). Cuanto más examinaba el mundo de las finanzas en Occidente, más desilusionado me sentía. Perdí la fe en las montañas rusas de los mercados *flash* (de bajo rendimiento). El 90% del mercado de valores actual sin valores fundamentales a largo plazo persigue recompras de acciones, los tweets, QE (del inglés Quantitative Easing, flexibilización cuantitativa), los dólares calientes y las apuestas rápidas algorítmicas de alta frecuencia de los BOT. Gracias a Hernando de Soto, nací de nuevo para El misterio del Evangelio del Capital. Desde el 11 de septiembre, he ganado algunos dólares apostando contra la sabiduría convencional del mercado occidental jugándome por Petro China [76] y Total[77].

Después de regresar del desierto de los campos de exterminio de Camboya[78], reencaminé mi carrera una vez más, convirtiéndome en consultor de EPM (Enterprise Performance Management, Gestión del Rendimiento Empresarial) del Tsunami económico de 2008 en el mundo del BIG4. Hice el 95% de mi patrimonio neto entre 2008 y 2011 apostando contra la sabiduría convencional. Cuando todo el mundo desapareció, aproveché hasta el límite algunas de las propiedades inmobiliarias más emblemáticas del mundo que estaban en liquidación. Tengo una buena cantidad de sangre en mis manos con la ingeniería financiera de EPM sin sentido a través de una jerga elegante (también conocida como reducción de costos), como Gestión de la cadena de suministro con eficacia fiscal (TESCM, por sus siglas en inglés), Transformación de negocios/finanzas/TI, BPR (*Business Process Reengineering*, Reingeniería de Procesos de Negocio), Seis Sigma y Estrategia de Precios y Rentabilidad.

Para lavar mi culpa, tuve el fantástico honor de ser voluntario de la organización profesional sin fines de lucro más extensa durante más de una década el (PMI, del inglés "Instituto para Gestionar Proyectos"), que atiende a unos 3 millones de profesionales, incluidos más de 500.000 miembros en 208 países alrededor el mundo. He contribuido con cerca de media docena de libros y unas 50 publicaciones o presentaciones. Comencé a participar en varios premios al Emprendedor del Año (EDA) en Ernst & Young.

Lamentablemente, después de más de dos décadas, parece que necesito regresar por ese camino de redención de la furia de Mad Max y escalar entre los escombros del apocalipsis de la era nostálgica capitalista de Roosevelt.

UN HUMILDE PEDIDO PARA QUE COMENTE MI LIBRO

★★

Confío en que haya disfrutado leyendo este libro. Me gustaría saber de usted y le solicito humildemente que se tome unos minutos para publicar una reseña en Amazon. Sus comentarios y apoyo mejoran significativamente mi habilidad para los futuros libros que escriba y hacen que este libro sea aún más encomiable. Este es un manuscrito vivo que va a evolucionar continuamente en base a la sabiduría constructiva de usted como lector (detalles del contacto directo en www.Epm-Mavericks.com). ¡Gracias de antemano!

Siglas

- ★ Propiedad intelectual (PI)
- ★ Iniciativa Belt and Road (BRI) (Iniciativa de la Franja y la Ruta)
- ★ Ruta de la Seda Digital (RDS)
- ★ Internet de las Cosas (IoT)
- ★ El Reino Medio (China)
- ★ One Belt, One Road (OBOR)
- ★ Banco Asiático de Inversiones en Infraestructura (BAII)
- ★ Paridad de poder adquisitivo (PPA)
- ★ Producto Interno Bruto (PIB)
- ★ Black Lives Matter (BLM) La Vida de los Negros es Importante
- ★ Disturbios de George Floyd (FLOYD)
- ★ Comité de Acción Política (PAC)
- ★ Pantano (Washington DC)
- ★ Fusiones y Adquisiciones (F&A)
- ★ Facebook, Amazon, Apple, Netflix y Google (FAANG)
- ★ Instituto Global para el Mañana (GIFT - https://global-inst.com/learn/)
- ★ Ciencia, Tecnología, Ingeniería y Matemáticas (STEM)
- ★ Gestión de la Cadena de Suministro Con Eficacia Fiscal (TESCM)
- ★ Automatización robótica en la nube (BOT)
- ★ Subcontratación de procesos comerciales (BPO)
- ★ Partido Comunista Chino (PCCh)
- ★ Franklin D. Roosevelt (FDR)
- ★ Theodore Roosevelt (TR)Organización para la Cooperación y el Desarrollo Económicos (OCDE)
- ★ Inteligencia Artificial (IA)
- ★ Asociación Transpacífica (ATP)
- ★ Sociedad para las Telecomunicaciones Financieras Interbancarias Mundiales (SWIFT)
- ★ Vehículo para fines especiales (VFE)
- ★ Red de servicios *Blockchain* (RSB)
- ★ Nuevo Banco de Desarrollo (NBD)
- ★ Sistema de pago interbancario transfronterizo (SPIF)

El Theyyam, la 'Danza de los Dioses': El estado de felicidad de Kerala tiene una riqueza más grande en tradiciones culturales que cualquier otra parte del mundo. El Theyyam es la 'Danza de los Dioses'. La extravagante danza incorpora elementos y rituales de las era prehistórica. Hay alrededor de 456 tipos de Theyyam (theyyakkolams) y se hacen en la región Norte de Malabar, India, que es de donde provengo.

https://www.tiger-rider.com/Client-Galleries/Rhodes/
https://en.wikipedia.org/wiki/Theyyam

Thrissur Puram
The Festival of Festival's in God's own Country

Thrissur Puram, el Festival de los Festivales: Thrissur (capital cultural de la India) es mi ciudad natal en la India; ahí es donde pasé 4 Purams mientras estudiaba ingeniería. Siempre soñé con ver a Puram de cerca, pero eso era un sueño imposible por los Lakhs que costaba. Finalmente, se me otorgó acceso por vez en la vida a Pooram Divine Durbar (pase de invitado emitido por el coleccionista Trichur), acceso sin restricciones (pase de medios) a todo por parte de Thiruvambadi y Parammekkavu Devaswom.

https://www.tiger-rider.com/Client-Galleries/Puram/
http://en.wikipedia.org/wiki/Thrissur_Pooram

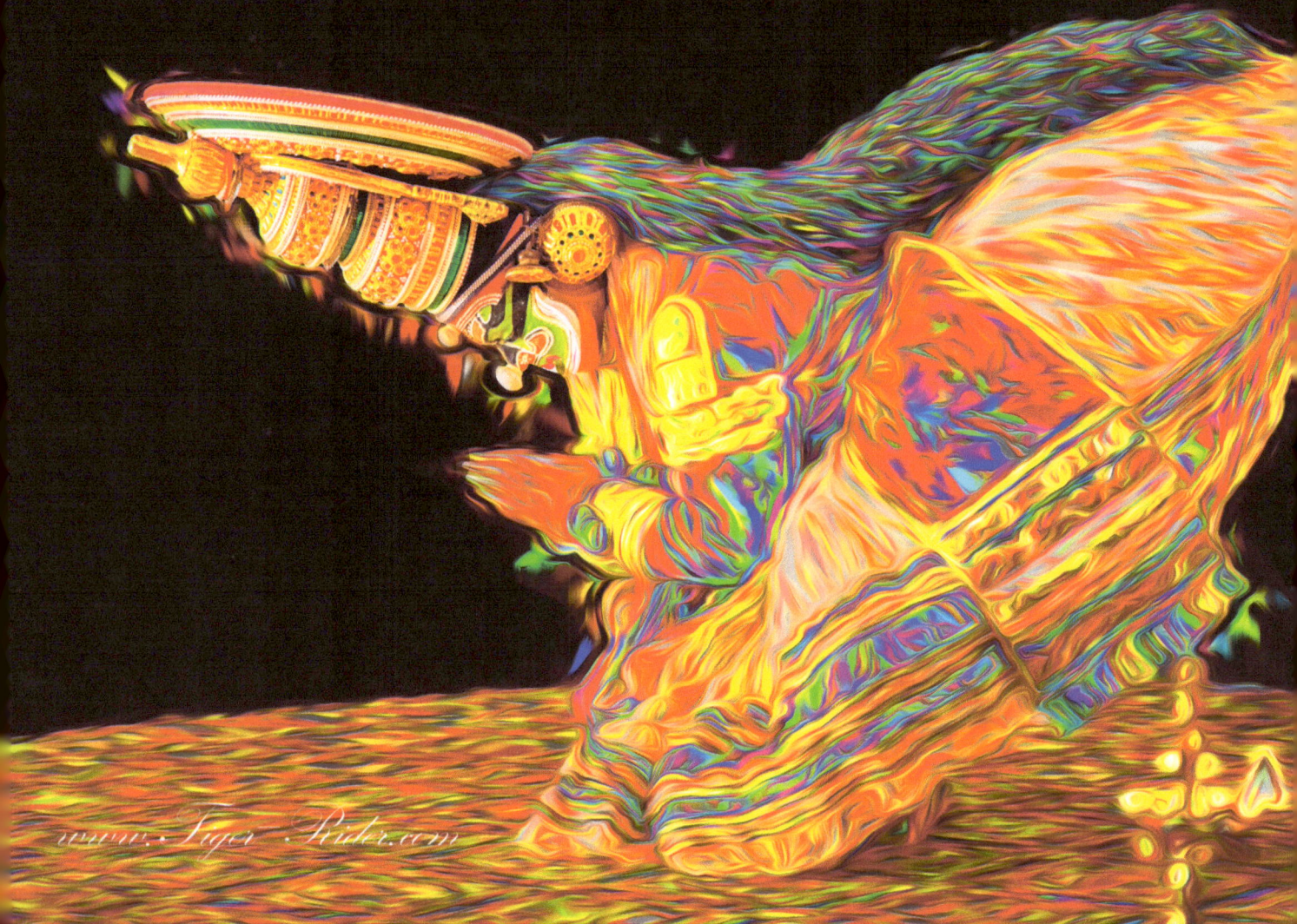

Kathakali, el Arte de Contar Historias: Kathakali (malayalam: കഥകളി) es una forma importante de danza clásica india. Es un género de arte de "de cuentos para tocar", pero que se distingue por el maquillaje, el vestuario y las máscaras faciales elaboradamente coloridas que usan los actores-bailarines tradicionalmente masculino. Kathakali es un arte escénico hindú de la región suroeste de la India (Kerala), en la que hablan malayalam.

https://www.tiger-rider.com/Client-Galleries/KathakaliICCT/
https://en.wikipedia.org/wiki/Kathakali

(**Origen de la foto de la portada:** Retrato de FDR y el presidente Donald J. Trump aborda sus comentarios durante un evento conmemorativo nacional del Día D, el miércoles 5 de junio de 2019, en el Southsea Common en Portsmouth, Inglaterra (Foto oficial de la Casa Blanca por Shealah Craighead))

(**Origen de la foto de la contratapa:** El presidente Donald J. Trump sostiene una copia de The Washington Post durante el Desayuno Nacional de Oración el jueves 6 de febrero de 2020, en el Washington Hilton en Washington, DC (Foto oficial de la Casa Blanca por Joyce N. Boghosian))

ENDNOTES

1 En ciencias políticas, el término república bananera describe un país políticamente inestable con una economía que depende de la exportación de un producto de recursos limitados, como bananas o minerales. https://www.theatlantic.com/politics/archive/2013/01/is-the-us-on-the-verge-of-becoming-a-banana-republic/267048/

2 Chiraq es el mote de Chicago, Illinois. Resulta de la combinación de Chicago con Irak, y se usa para referirse a ciertas áreas violentas en Chicago, comparándolas con una zona de guerra. https://www.dictionary.com/e/slang/chiraq/#:~:text=Chiraq%20is%20a%20nickname%20for,likening%20them%20to%20a%20warzone

3 Tapiar es el proceso de instalar tablas en las ventanas y puertas de una propiedad para protegerla de daños por tormentas, para proteger la propiedad que no se utiliza, está vacía o abandonada, yo para evitar el acceso no autorizado de ocupantes ilegales, saqueadores o vándalos. https://www.wbez.org/stories/protest-art-has-covered-boarded-up-businesses-will-it-be-preserved/e3db8017-a6ba-4dde-9bc3-3d17f6ee5392

4 A lo largo de los últimos 5000 años, China ha sido conocida por muchos nombres diferentes, pero el nombre más tradicional que China ha usado para referirse a sí misma es Zhongguo que significa Reino Medio (o algunas veces traducido como Reino Central). http://www.learnmartialartsinchina.com/kung-fu-school-blog/why-is-china-called-the-middle-kingdom/#:~:text=Throughout%20the%20last%205000%20years,sometimes%20translated%20as%20Central%20Kingdom)

5 https://www.britannica.com/place/Third-Reich

6 La Compañía Holandesa de las Indias Orientales, con el nombre de Compañía de las Indias Orientales Unida, la Vereenigde Oost-Indische Compagnie, empresa comercial fundada en la República Holandesa (actual Holanda) en 1602 para proteger el comercio de ese estado en el Océano Índico y ayudar a los Países Bajos en la guerra de independencia de España. https://www.pbs.org/wgbh/roadshow/stories/articles/2013/1/7/dutch-east-india-company-worlds-first-multinational/

7 La Compañía de las Indias Orientales fue una empresa inglesa que se formaría para la explotación del comercio con el este y sudeste de Asia y la India. Incorporada por carta real el 31 de diciembre de 1600, se inició como un organismo comercial monopólico para que Inglaterra pudiera participar en el comercio de especias en las Indias Orientales. https://www.bbc.co.uk/programmes/n3csxl34

8 El New Deal fue una serie de programas, proyectos de obras públicas, reformas financieras y regulaciones promulgadas por el presidente Franklin D. Roosevelt en los Estados Unidos entre 1933 y 1939. Respondía a las necesidades de alivio, reforma y recuperación de la Gran Depresión. https://www.fdrlibrary.org/great-depression-new-deal

9 https://www.npr.org/sections/codeswitch/2013/08/26/215761377/a-history-of-snake-oil-salesmen

10 La crisis financiera mundial de 2008 se encuentra entre los ejemplos recientes más prevalentes de un tsunami económico. El mercado de hipotecas de alto riesgo en los EE. UU. en este caso actuó como un detonante, ya que los grandes bancos de inversión (BI) calcularon mal el monto del riesgo en ciertos instrumentos de deuda garantizados. https://www.investopedia.com/terms/e/economictsunami.asp#:~:text=The%202008%20global%20financial%20crisis,in%20certain%20collateralized%20debt%20instruments.

11 La trampa de la diplomacia de la deuda describe la diplomacia basada en la deuda llevada a cabo en las relaciones bilaterales entre países, a menudo, con una supuesta intención negativa. Aunque el término se ha aplicado a las prácticas crediticias de muchos países y del Fondo Monetario Internacional, actualmente se asocia más comúnmente con la República Popular China. https://foreignpolicy.com/2020/03/23/china-coronavirus-belt-and-road-bri-boost-debt-diplomacy/

12 La Iniciativa Belt and Road (Iniciativa de la Franja), anteriormente conocida como One Belt One Road u OBOR para abreviar, es una estrategia de desarrollo de infraestructura global adoptada por el gobierno chino en 2013 para invertir en varios países y organizaciones internacionales. https://www.oecd.org/finance/Chinas-Belt-and-Road-Initiative-in-the-global-trade-investment-and-finance-landscape.pdf

13 El Plan Marshall (oficialmente el Programa Europeo de Recuperación, PER) fue una iniciativa estadounidense aprobada en 1948 para la ayuda exterior a Europa Occidental. https://history.state.gov/milestones/1945-1952/marshall-plan

14   La "Ruta de la Seda Digital" (RSD) se introdujo en 2015 por un libro blanco oficial del gobierno chino, como un componente de la Iniciativa de la Franja y la Ruta de Beijing (BRI). Durante años, ha sido menos que un conjunto de proyectos identificables, así como una marca para prácticamente cualquier operación comercial relacionada con las telecomunicaciones u operaciones comerciales relacionadas con datos o ventas de productos por parte de empresas de tecnología con sede en China en África, Asia, Europa, América Latina o el Reino Unido, o el Caribe, hogar de los más de 100 países de la Iniciativa de la Franja y la Ruta." https://carnegieendowment.org/2020/05/08/will-china-control-global-internet-via-its-digital-silk-road-pub-81857

15   El Plan de los Mil Talentos (PMT) (en chino: 千人计划; pinyin: Qiān rén jìhuà) o el Programa de los Mil Talentos (en chino: 海外高层次人才引进计划; pinyin: Hǎiwài gāo céngcì réncái yǐnjìn jìhuà) se estableció en 2008 por el gobierno central de China para reconocer y reclutar a los principales expertos internacionales en investigación científica, innovación y espíritu empresarial.https://www.hsgac.senate.gov/imo/media/doc/2019-11-18%20PSI%20Staff%20Report%20-%20China's%20Talent%20Recruitment%20Plans.pdf

16   Un expatriado (a menudo abreviado como expat) es una persona que reside en un país que no es su país de origen. https://www.merriam-webster.com/dictionary/expatriate

17   https://itif.org/publications/2020/06/22/new-report-shows-unfair-chinese-government-support-huawei-and-zte-has-harmed

18   En la cultura rusa, kompromat, abreviatura de "material comprometedor", es información dañina sobre un político, un empresario u otras figuras públicas, utilizada para crear publicidad negativa, así como para el chantaje y la extorsión. https://www.newyorker.com/news/swamp-chronicles/a-theory-of-trump-kompromat

19   Después de haber establecido sus puntos de inicio en Asia, Europa y África, las empresas de inteligencia artificial de China ahora están avanzando hacia América Latina, una región que el gobierno chino describe como un "interés económico central". Venezuela debutó recientemente con un nuevo sistema nacional de tarjetas de identificación llamado el "Carnet de la Patria" que registra las afiliaciones políticas de los ciudadanos en una base de datos construida por ZTE. Como una siniestra ironía, durante años las empresas chinas vendieron muchos de estos productos de vigilancia en una exposición sobre seguridad en Xinjiang, la provincia de origen de los uigures. https://www.theatlantic.com/magazine/archive/2020/09/china-ai-surveillance/614197/

20   https://www.theatlantic.com/magazine/archive/2020/09/china-ai-surveillance/614197/

21   https://www.brookings.edu/opinions/the-aiib-and-the-one-belt-one-road/

22   https://en.wikipedia.org/wiki/List_of_countries_by_GDP_(PPP) Lista_de_países_por_PIB_(PPA)

23   https://www.heritage.org/defense/commentary/chinas-defense-spending-larger-it-looks

24   https://youtu.be/2J9y6s_ukBQ

25   https://www.nytimes.com/2018/01/18/us/politics/trump-border-wall-immigration.html

26   https://fee.org/articles/the-medical-cartel-is-keeping-health-care-costs-high/#:~:text=Though%20few%20Americans%20realize%20it%2C%20health%20care%20is%20a%20monopoly..-Cartels%20Protecting%20Doctors&text=Cartels%20Protecting%20Doctors-,Both%20directly%20or%20indirectly%2C%20the%20AMA%20also%20controls%20the%20prices,payment%20policies%20of%20insurance%20companies.

27   https://www.oecd-ilibrary.org/education/education-at-a-glance-2018_eag-2018-en

28   https://educationdata.org/international-student-enrollment-statistics/

29   https://www.oecd.org/pisa/pisa-2015-results-in-focus.pdf

30   https://www.sentencingproject.org/wp-content/uploads/2015/11/Americans-with-Criminal-Records-Poverty-and-Opportunity-Profile.pdf

31   https://www.brennancenter.org/our-work/research-reports/citizens-united-explained

32   https://www.marketwatch.com/story/airlines-and-boeing-want-a-bailout-but-look-how-much-theyve-spent-on-stock-buybacks-2020-03-18

33   https://www.marketwatch.com/story/airlines-and-boeing-want-a-bailout-but-look-how-much-theyve-spent-on-stock-buybacks-2020-03-18

34   https://www.imf.org/external/pubs/ft/fandd/2019/09/tackling-global-tax-havens-shaxon.htm

35 La versión india del feudalismo. Un Zamindar, en el subcontinente indio era un gobernante autónomo o semi-autónomo de un estado que aceptaba la soberanía del emperador de Indostán. En persa, el término significa dueño de la tierra. Por lo general, los zamindar hereditarios tenían enormes extensiones de tierra y el control sobre sus campesinos, de quienes se reservaban el derecho a cobrarle impuestos en nombre de las cortes imperiales o con fines militares.. https://www.britannica.com/topic/zamindar

36 Gordon Gekko es un personaje de ficción que aparece como el villano en la popular película de Oliver Stone de 1987 "Wall Street". https://review.chicagobooth.edu/behavioral-science/2017/article/moral-ambivalence-gordon-gekko

37 Una película de suspenso de ciencia ficción que es relevante para la sociedad actual y para ver la desigualdad social y económica existente. https://www.sonypictures.com/movies/elysium

38 Cita de El Misterio del Capital: Por Qué El Capitalismo Triunfa en Occidente y Fracasa en Todas Partes por Hernando De Soto (Autor) https://www.amazon.com/dp/B06XCFW5ZN/

39 https://www.sba.gov/sites/default/files/FAQ_Sept_2012.pdf

40 https://www.cnn.com/2020/01/07/tech/boz-trump-facebook/index.html

41 https://www.swift.com/sites/default/files/documents/swift_bi_currency_evolution_infopaper_57128.pdf

42 https://www.thebalance.com/black-wednesday-george-soros-bet-against-britain-1978944

43 https://en.wikipedia.org/wiki/1997_Asian_financial_crisis#:~:text=Malaysian%20Prime%20Minister%20Mahathir%20Mohamad,sold%20it%20short%20in%201997.

44 https://www.rottentomatoes.com/tv/the_man_in_the_high_castle/s01

45 https://www.rottentomatoes.com/m/american_factory

46 https://en.wikipedia.org/wiki/Snake_oil

47 https://www.imf.org/en/Publications/GFSR/Issues/2019/10/01/global-financial-stability-report-october-2019

48 El homónimo de este libro proviene de la película de comedia de 1980 "Los dioses deben estar locos", en la que una botella vacía de Coca-Cola se deja caer desde un avión sobre una comunidad de bosquimanos africanos. La botella es vista como un regalo de los dioses, pero después de que sobreviene la lucha entre los aldeanos, el líder tribal decide devolvérsela a los dioses llevándola hasta el fin del mundo. A través de mi propia botella de Coca-Cola metafórica, puedo ver el amanecer del nuevo imperio. Este libro sirve como testimonio de la restauración del imperio actual (capitalismo y empresas) antes de que sea demasiado tarde. https://www.rottentomatoes.com/m/the_gods_must_be_crazy

49 https://global-inst.com/

50 https://www.history.com/topics/cold-war/the-khmer-rouge

51 https://en.wikipedia.org/wiki/Snake_wine

52 https://www.cato.org/cato-journal/winter-2018/against-helicopter-money

53 https://www.investopedia.com/terms/g/gordon-gekko.asp

54 https://www.investopedia.com/terms/q/quantitative-easing.asp

55 https://youtu.be/8iXdsvgpwc8

56 "Triple talaq", como se la conoce, permite que un esposo se divorcie de su esposa repitiendo la palabra "talaq" (divorcio) tres veces en cualquier forma, incluido por correo electrónico https://en.wikipedia.org/wiki/Divorce_in_Islam

57 https://en.wikipedia.org/wiki/List_of_countries_by_GDP_(PPP)

58 https://www.whitehouse.gov/presidential-actions/memorandum-order-defense-production-act-regarding-3m-company/

59 https://www.theatlantic.com/education/archive/2018/09/why-is-college-so-expensive-in-america/569884/

60 https://www.rcrwireless.com/20200609/5g/china-end-2020-over-600000-5g-base-stations-report

61 https://www.mckinsey.com/business-functions/organization/our-insights/getting-practical-about-the-future-of-work

62 https://www.swift.com/sites/default/files/documents/swift_bi_currency_evolution_infopaper_57128.pdf

63 Reminbi es la moneda en curso en China, y Yuan es la unidad de medida.

64 https://data.worldbank.org/indicator/CM.MKT.LDOM.NO?end=2018&locations=US&start=1996

65 https://watson.brown.edu/costsofwar/papers/2021/ProfitsOfWar

66 El Fondo de riqueza soberana de Arabia Saudita compra participaciones en Facebook, Boeing, Sistemas Cisco - WSJ

67 https://www.whitehouse.gov/briefing-room/presidential-actions/2021/09/03/executive-order-on-declassification-review-of-certain-documents-concerning-the-terrorist-attacks-of-september-11-2001/

68 https://en.wikipedia.org/wiki/Charlie_Wilson%27s_War_(film), https://www.pbs.org/wgbh/frontline/film/bitter-rivals-iran-and-saudi-arabia/, https://en.wikipedia.org/wiki/Syriana, https://www.pbs.org/frontlineworld/stories/r4.html https://www.pbs.org/independentlens/films/shadow-world/

69 https://www.wsj.com/articles/saudi-sovereign-wealth-fund-buys-stakes-in-facebook-boeing-cisco-systems-11589633300

70 https://en.wikipedia.org/wiki/Snake_oil

71 https://www.britannica.com/place/Third-Reich

72 https://www.rottentomatoes.com/tv/the_man_in_the_high_castle/s01

73 https://www.rottentomatoes.com/m/american_factory

AGRADECIMIENTOS

Quiero expresar mi gratitud a todos los que me hicieron críticas constructivas y me ayudaron a superar las realidades distorsionadas de tres décadas. Un agradecimiento especial a todos los que me brindaron diferentes perspectivas, incluidos Fox News, PBS, Real Vision, FT, HBR, Bloomberg, Ray Dalio, Hernando de Soto, Chamath Palihapitiya, Charlie Rose, GIFT (www.global-inst.com)...